Ernst Nebhut: Goldiges Frankfurt

Goldiges Frankfurt

Von Ernst Nebhut
Illustriert von Ferry Ahrlé

Verlag von Waldemar Kramer
Frankfurt am Main

ISBN 3-7829-0147-9

Druck von W. Kramer & Co. in Frankfurt am Main

Inhalt

Prügelknabe Frankfurt

Es wird viel über Frankfurt geschimpft. Einen muß es ja schließlich geben, über den hergefallen werden kann. Und ausgerechnet auf unser goldiges Frankfurt haben sie es abgesehen. Goldig? Ob einige Herrschaften nicht mitleidig lächeln? Wie wenn der einige Jahrzehnte verschlafen hätte, der von goldig redet? Meinen die Kritiker an unserer schönen Stadt.

Wundern wir uns nicht. Die deutschen Stämme sagten einander schon immer das Schlechte nach. Das hat offenbar das Kaiserreich, die Republik und die etwas kurz geratenen tausend Jahre überdauert. Die steifen Norddeutschen halten jeden Rheinländer für seinen eigenen Karnevalspräsidenten. Die Pfälzer trinken nach Ansicht der Friesen den Wein schon von der Mutterbrust. Die Städte sind einander auch nicht sonderlich hold. Erzählen Sie den Braunschweigern einmal etwas über die Weltstadt mit Herz. Was werden die antworten? „Hören Sie erst mal einen wütenden Münchner losbrüllen. Das ist alles andere als herzig."

Wie wurde auf den Berlinern herumgehackt. Schon wegen des Dialekts. Manche Deutsche verpacken ja ihre Mundart in Watte. Der Berliner scheint immer vor der Front zu stehen. Alles herhören? Er spricht deutsch mit Sprengwirkung. Das war allerdings kein Grund, ihm allerhand anzudichten. In Bayern und Schwaben war man der Ansicht, jeder zweite Berliner sei Schutzmann. Trösten wir uns also mit den vielgeschmähten Berlinern. So weit haben wir Frankfurter es ja noch nicht gebracht, daß ganze Witzblätter von uns leben. Wie in der Kaiserzeit von der Hauptstadt an der Spree.

Jedem, was er verdient!

Zwielichtige Belastungszeugen

Was wissen die Herrschaften, die Frankfurt schlecht machen, überhaupt von uns? Sehen wir uns die doch einmal genauer an. Viele sind vielleicht mit dem Finger einmal über die Landkarte gefahren, wo Frankfurt eingezeichnet ist. Oder waren einmal im Frankfurter Kreuz. Dort haben sie sich verfahren. Und in ihrem Ärger hätten sie es gar nicht bedauert, wenn Frankfurt von einem Erdbeben heimgesucht worden wäre.
Und dann erst die Geschwindbesucher! Die reißen den Mund am meisten auf. Wiewohl sie bei uns nur fünf Minuten die Nase aus dem Auto gestreckt haben. Doch damit wußten sie bereits alles von der Stadt. Von ihrer Geschichte, ihrer Kultur und noch einiges mehr. Diese Husch-Husch-Besucher sind nicht ernst zu nehmen. Nun gibt es aber gewichtigere Schmähredner. Die können wir nicht mit dem berühmten Achselzucken abtun. Aber seit wann haben die Frankfurter „klein beigegeben"? Also betrachten wir uns auch einmal die Kritiker von Rang. Seelenruhig!

Berühmte, aber böse Mäuler

Stimmt es nicht bedenklich, daß auch Goethes Mutter hart mit Frankfurt ins Gericht ging? Frau Aja schrieb höchst ironisch von der „berühmten" Stadt, die große Häuser und kleine Köpfe habe. Doch das sollten wir nicht allzu ernst nehmen. Die Grafen Stolberg hatten ihr den Namen Frau Aja gegeben, da sie denen ebenso hilfreich erschien wie die Mutter der Haimonskinder.

Sie hat ihre Ruhestätte mitten in der Stadt auf dem Peterskirchhof. Viele, die vorübergehen, wissen nichts vom Grab der Mutter Goethes. Immerhin ist ihnen bekannt, wo der 63er Bus hält und wo man in der Nähe parken kann. Das ist wichtiger. Um das Familiengrab der Textor weht ehrwürdige Stille, wenn es auch auf der nahen Straße laut zugeht. Von der hier zur Ruhe gebetteten Dame ging allerdings weniger Friedfertigkeit aus. Ihr stand der Mund nicht still. Sollte nicht manche Nachbarin im Großen Hirschgraben gesagt haben: Was die Gédé'n de Leut alles nachsagt! Sie war jedoch eine goldige Krätscherin. Eine Blume, wie sie nur im Garten zwischen Roßmarkt und Main wachsen konnte. Ihr hätte sicher was gefehlt, würde sie nicht auch ihrer Vaterstadt ein wenig am Zeug geflickt haben. Dann sprach sie auch wieder von ihrem „lieben" Frankfurt. Geradezu zärtlich. So in einem Brief an ihre Schwiegertochter Christiane Vulpius.

Sohn Wolfgang wollte wohl hinter seiner kritischen Mama nicht zurückstehen. Er schrieb mitunter auch nicht mit der nötigen Hochachtung von seiner Vaterstadt. Dort seien die Köpfe dumpf, beschränkt und düster. Womöglich empören wir uns heute mehr über eine solche Schelte, als es die damaligen Frankfurter taten. Die saßen mit geblümten Westen über dem rundlichen Bauch da, und nichts konnte sie anfechten. In jedem Fall hielten sie es für eine Gnade des Himmels, daß sie sich in einer Frankfurter Wiege abstrampeln konnten. Und da sollte sie ausgerechnet einer irre machen, den sie als eine Art Deserteur betrachteten. Diesem Goethe trauten sie sogar die Taktlosigkeit zu, daß er einmal außerhalb von Frankfurt sterben würde. Und was trieb er als Frankfurter Bub in der Fremde? Er buckelte vor einem

Herzog. Auch das konnte man ihm schwer in einer Stadt verzeihen, wo man sich einbildete, die Freiheit erfunden zu haben. Und dann die Weibergeschichten von diesem Früchtchen. Zugegeben, er schrieb dann auch wieder viel Gutes und Schönes über seine Heimat. Dann wollte er sich offenbar wieder anwärmen.

Fragwürdige Freiheit

Die Frankfurter Geschichte gleicht der eines erfolgreichen Kaufhauses. Aber nebenher glänzte immer der edle Kampf um die Freiheit. Nun ist Freiheit das, was man sich darunter vorstellt. Und in der Beziehung treibt das menschliche Gehirn die seltsamsten Blüten. Auch merkwürdige Späße kommen dabei heraus. Einer aus den wilden 48er Tagen: Ihn machte ein Frankfurter Glasermeister. Ohne Zweifel ein echter Revolutionär. Er dachte jedoch nicht nur an die Barrikaden, sondern auch an sein Geschäft. Dort brachte er eine Tafel an, auf der folgendes zu lesen war:

Wer nicht ein freier deutscher Mann will sein,
dem werfe man gleich alle Fenster ein,
und zwinge ihn, daß er trotz allem Hasse
sie bei mir, dem Patrioten, machen lasse.

Dieser Frankfurter Witzbold scheint die treffendste Formel für das Wesen der Politik gefunden zu haben. Sie treibt sich immer zwischen Menschheitsbeglückung und Ladengasse herum. Mancher heutige Politiker macht sicher auch seinen Profit dabei, wenn es Scherben gibt.

Glas kennt keine Parteien

Noch ein Lästerer aus Frankfurt. Nicht so leidenschaftlich von der Muse geküßt wie sein Kollege vom Großen Hirschgraben. Ludwig Börne. Der sagte es den Frankfurtern, wie man sich ausdrückt, „gehörig vor die Platt". Er nannte die Stadt ein spießbürgerliches Krähwinkel. Was machte das den Frankfurtern schon aus? Wer auf so dicken Geldsäcken saß, konnte sich die Welt von oben betrachten. Oder kam Rothschild vielleicht vom Dorf?

Moritaten

Die Frankfurter sind an Zores gewöhnt. Heute müssen sie allerdings eine Masse davon hinnehmen. Sie sitzen, lieber Leser, im Zug. Reden nur einen Satz, und schon wissen die Mitreisenden, daß sie von Frankfurt stammen. Sofort geht es los! Wann sie den letzten Banküberfall mitgemacht haben, will man wissen. Als würde es sich dabei um eine ganz normale Belästigung für die Passanten handeln. Ich möchte meinen Mitbürgern einen guten Rat geben. Seien Sie nicht empört, wenn solche Räubergeschichten über Frankfurt aufgetischt werden. Tragen Sie noch dicker auf. Sie hätten beim letzten Überfall ein märchenhaftes Glück gehabt. Den Gangstern im letzten Moment den Colt aus der Hand geschlagen. Das geraubte Geld gerettet. Sie können die tollsten Märchen erzählen. Wenn Sie Ihre Frankfurter Kennkarte vorzeigen, wird man Ihnen jedes Wort glauben.
Auf jeder Party draußen sind die Frankfurter Mittelpunkt. Sie werden angestaunt, als hätten sie eine lebensgefährliche Besteigung des Nanga Parbat hinter sich.

Und wie glücklich, so wird angenommen, muß der Frankfurter Gast froh sein, daß er mal keine Panzerweste anhat. Ohne die kommt er zu Hause nicht aus. Sonst wird seine Frau vor Angst vergehen, falls er die Wohnung verläßt. Nun kommt auch bei jeder Party das Thema Sex auf. Man steht ja nicht da herum, um sich ewig über die Börsenkurse oder Schönheitsmittel zu unterhalten. Wofür hat man denn den Pornoexperten aus Frankfurt da? Alte Tanten überfallen ihn mit ungenierten Fragen. Warum soll er ihnen keine Schauermärchen auftischen? Daß jeder erreichbare Mann von den leichten Mädchen in den nächsten Torbogen geschleppt wird. Wo sie den Ärmsten weniger in einen Liebesrausch als in einen Ätherrausch versetzen. Und er so alles los wird, was er am Leib hat. Die Cocktailkonsumenten werden selig sein, solche Pikanterien zu erfahren.

Unlautere Motive

Man sollte sich einmal mit den Verleumdern von Frankfurt beschäftigen. Was hat sie so verärgert? Zum Beispiel die Ehe mit einer aus Seckbach oder Niederrad? Nie hat sie ihm einen Socken gestopft, und immer mußte er aus der Büchse futtern. Die Folge ist sonnenklar. Hätte ihn der Weg doch nie nach Frankfurt geführt, meint der Standesamtgeschädigte. Wo er so auf den Leim gegangen ist. Er kann dieses verführerische Pflaster nur verwünschen.

Ein anderer nennt Frankfurt eine Räuberhöhle. Zehn Minuten in der Stadt, und schon war sein Wagen auf-

Leichte Mädchen, schwere Brieftaschen

gebrochen. Ein teurer Fotoapparat, die Nerzkrawatte seiner Frau, alles weg. Es lag allerdings wie auf einem Präsentierbrett da. Nur fehlte eine freundliche Einladung an die Diebe.

Aufgebrachter Sünder

Schauplatz unweit der Paulskirche. Im Mittelpunkt ein Wagen mit einer Schorndorfer Nummer. Beziehungsweise sein Fahrer. Und eine Hilfspolizistin, die wegen ihrer Anmut sicher nicht als Miß Polizei gewählt worden wäre. Erregte Debatte! Der Verkehrssünder verschanzt sich dahinter, er sei fremd. Allerdings kann er kein ärztliches Zeugnis vorzeigen, daß er völlig erblindet sei. Parken verboten steht nämlich groß angeschrieben. Er muß zahlen. Hinterher brüllt er dann los. Er bezeichnet Frankfurt als ein Jagdrevier von Flintenweibern. Und das im Angesicht der Paulskirche, eines Denkmals humaner Gesinnung.
Zahllos sind die Beispiele dafür, daß Frankfurt zu Unrecht verdammt wird. Da kommt zum Beispiel ein Musterbürger aus einem kleinen Ort in der Lüneburger Heide angereist. Offenbar wird er noch von Liebesvorstellungen im Sinn von Hermann Löns geplagt. Was ihn nicht daran hinderte, die sagenumwitterte Liebe in Frankfurt einmal kennenlernen zu wollen. Von der man ja in Deutschland offenbar mehr spricht als von unserem Römer oder der Paulskirche. Da auch zwei ihrer besten Vertreterinnen von unwirschen Kunden um die Ecke gebracht wurden, was zu bedeutenden Schlagzeilen Anlaß gab.

Nun ist aber das Frankfurter Bahnhofsviertel nicht die Heide. Was dem Fremdling geboten wurde, war jedenfalls keine Weihestunde der Zärtlichkeit. Er hatte eher den Eindruck, von einem Automaten bedient zu werden. Was ihn veranlaßte, Frankfurt als eine Wüste voll Seelenlosigkeit zu bezeichnen. Als ob in den anderen Amüsiervierteln der Erde seelische Traumstunden geboten würden.

Gold gab ich für Eisen

Dieser Satz stammt aus heroischer deutscher Zeit. Bürgerfrauen holten das letzte Kettchen aus dem Schmuckkästchen, um das bedrängte Vaterland zu retten. Gold gab ich für Eisen, konnte auch ein Pfälzer sagen, der ebenfalls in Sachen Liebe nach Frankfurt gekommen war. Pfälzer möchten gern aus allem ein Volksfest machen. Was aber nicht im Interesse der professionellen Liebeslieferantinnen liegt. Mit Worten fing es an, dann folgten Taten. Genauer gesagt, Untaten. Ein Stoßtrupp von Kolleginnen der Liebedienerin rückte an. Unser Freund bekam einen Schlüsselbund auf den Kopf, so daß er für Momente nicht „in" war. Sonst hätte er womöglich an den Kernspruch „Gold gab ich für Eisen" gedacht, der so gut auf seine Situation paßte. Er hatte nämlich schon gezahlt, als er den Schlüsselbund auf den Schädel bekam.

Einem anderen Frankfurt-Besucher konnte ähnliches Mißgeschick nicht passieren. Er wurde seine Brieftasche bereits bei der Ankunft auf dem Bahnhof los. Worauf er Frankfurt als ein Dorado der Gauner und Wege-

Gruß an die Gattin

lagerer bezeichnete. Eine fachmännische Belehrung hätte ihn darüber aufklären können, daß die berühmten Langfinger meist aus Gegenden kommen, in denen der Taschendiebstahl als ein honoriger Erwerbszweig angesehen wird. Die Bockenheimer und Bornheimer haben viel zu plumpe Finger, um hierfür die nötige Virtuosität aufzubringen.

Unschöne Revanche

Aus mancher Kritik an Frankfurt spricht Undankbarkeit. Das konnte ich im Fall Heinrich George persönlich feststellen. Als er in Frankfurt Theater spielte, erschien er öfters zu Interviews im Funkhaus in der Eschersheimer Landstraße. Gewöhnlich blieb es an mir hängen, mich mit ihm zu unterhalten. Dabei wurde mir gelegentlich mulmig. Mit dem Koloß in der engen Sprechkabine, das konnte zum Alpdruck werden. Bei seinem überschäumenden Temperament. Und ihm gar sagen: „Herr Staatsschauspieler, das war nichts, die Aufnahme muß wiederholt werden.“ Dazu gehörte schon Courage.
In Frankfurt fühlte ich mich noch relativ geborgen vor dem leicht aufbrausenden Mimen. Anders in Stettin. Es gehörte noch zu Deutschland, als die Stadt ein Jubiläum feierte, das im Rundfunk entsprechende Beachtung fand. Um diese festliche Angelegenheit sollte ich mich kümmern. Voll Erwartung begab ich mich in den Rathaussaal der alten Seestadt. Meine Bewunderung für den Raum sollte sich bald in Unbehagen auflösen. Ich sah nämlich Heinrich George, einen Sohn der Stadt, auftauchen. Er kam sogleich, nein, er schritt auf mich zu.

Flankiert von viel Lametta. Von Gauleiter und Oberbürgermeister. Ich witterte Unheil.
George ging ohne weiteres zum Angriff über. Er sagte hämisch: „Da ist ja auch mein Freund aus dem demokratischen Frankfurt." Für die zwei Würdenträger an Georges Seite war Demokratie ein Blendwerk der Hölle, und so glaubte er ihres Beifalls sicher zu sein.
Ich war ziemlich angeschlagen. Zumal mich das Glitzern an den George-Begleitern blendete. Immerhin war mir klar, daß ich mich meiner Haut wehren mußte. Ohne Scheu vor dem Risiko. Ich sagte, allerdings ganz artig: „Herr Staatsschauspieler, was haben Sie eigentlich gegen eine Stadt, die Ihnen immer so großzügig Ihre Saufschulden bezahlt hat?" Heinrich George hätte sich am liebsten auf mich gestürzt. Doch das wiehernde Gelächter ringsum hielt ihn davon ab. Offenbar war er auch in seiner Heimat nicht gerade als Temperenzler bekannt.
Am nächsten Tag machte ich mit Heinrich George eine Rundfunkaufnahme. Im Hafen. Er erzählte von seiner Jugend. Wie er hinter allen Heimlichkeiten auf dem Wasser und am Ufer hergewesen war. Als seien die geheimnisvollen großen Schiffe nur für ihn gebaut worden. Es waren Erlebnisse, wie sie wohl mancher Junge hat. Aber wie George das alles gesehen hatte. Ein Glück, daß ich nicht aus Stettin bin, sonst hätte er mich zu Tränen gerührt. Wer hätte sich da nicht mit Heinrich George versöhnt? Ich tat es und hätte ihn so gern gefragt, was er eigentlich gegen Frankfurt habe. Dort gab es immerhin einen Goethe, der den Götz von Berlichingen schrieb. Als hätte er geahnt, daß einmal ein richtiger Götz auf der Erde herumlaufen werde: Heinrich George aus Stettin.

Andere Zeiten

Vor Jahrzehnten sang in Frankfurt ein Komiker ein Couplet von einer Uhr. Die er mit dem Leben verglich. So hieß es, daß besagte Uhr eines Tages stillstehen werde. Es gab auch heitere Vergleiche. Für einen mußte der alte Geck herhalten. Der sei wie die Uhr, die man im Leben zu oft aufgezogen habe. Hinweis auf die zahlreichen Amouren des Lebegreises. Von dieser Type lebten übrigens damals Serien von Scherzen. Worüber die Männer am meisten lachten. Als warteten auf sie im Alter nicht die gleichen Gebresten. Doch hier soll es mehr um einen generellen Vergleich mit der Uhr gehen. Der moderne Mensch kommt auf ein Chronometer heraus, das auch noch alle drei Minuten einen Weckruf von sich gibt. Es sind weniger die galanten Stunden als andere Dinge, die den heutigen Frankfurtern Herzinfarkte besorgen. Sie toben sich auf den Frankfurter Straßen wie motorisierte Roboter aus. Besucher von auswärts behaupten, ein Ameisenhaufen sei eine geruhsame Bleibe verglichen mit der Frankfurter Innenstadt. Um aber noch einmal auf die liebesstrapazierten älteren Herren zu kommen. Sie finden heute ihr Heil in Wunderpillen. Zum mindesten glauben sie daran, und das soll an sich schon Wunder wirken.

Zufluchtsstätten

Nicht ganz Frankfurt ist eine Beute der Hast. Es gibt auch Wallfahrtsorte für Einkehrwillige. Manche Leute können allerdings keine zehn Pferde dorthin bringen, wie sie behaupten. Das scheint eine echt menschliche

Was e goldischer Rahme!

Regung zu sein. Mit welchem Eifer hat sich die Urfamilie damals ums Paradies gebracht.

Zur Besinnung kann man in Frankfurt zum Beispiel am Schaumainkai kommen. Im Städel, einer wertvollen Gemäldesammlung. Es geht aber nicht allein um die Schätze, die das Städel zu bieten hat. Dort wird man vielmehr feststellen können, daß das Goldige Frankfurt keine Erfindung dieses Buchs ist. Ob es die berühmten Malernamen an den Wänden sind oder Gott weiß was? Das ist eine besondere Sorte von Menschen, die da herumstehen oder herumsitzen. Sie scheinen auf der Flucht vor der Gegenwart zu sein. Man möchte am liebsten diesen oder jenen andächtigen Besucher fragen: Verzeihen Sie, können Sie mir zufällig sagen, in welchem Jahr wir eigentlich leben? Im Städel scheint nämlich mit der Zeitrechnung irgend etwas nicht in Ordnung zu sein.

Über den Lebenslauf der Galerie soll nicht viel gesagt werden. Wiewohl er so recht zu Frankfurt paßt. Es gab bei uns schon immer Leute mit dem an sich unnatürlichen Verlangen, ihren Mitbürgern etwas Gutes zu tun. Zu ihnen zählte Johann Friedrich Städel. Er schenkte seiner Vaterstadt das Institut. Leider hatte der französische Revolutionsgeneral Custine da bereits das Zeitliche gesegnet. Er war von seinen Landsleuten hingerichtet worden, weil er das Pech gehabt hatte, einige Schlachten zu verlieren. Schade, daß dieses Verfahren nicht mehr Schule gemacht hat. Die Geschichtsbücher wären dann um einige Feldzüge ärmer. Custine behauptete jedenfalls, die Frankfurter hätten nur Sinn für Schacher und Liebe zu Geldsäcken. Städel hätte den Kriegsmann sicher eines Besseren belehrt. Der General tat im übrigen selbst alles, um die Frankfurter von ihrer Untugend zu kurieren. Er

schröpfte sie mit Kontributionen. Wenn er sie um ihre Geldsäcke brachte, konnten sie ja ihren Götzen nicht mehr anbeten.
Bezüglich der Erben von Städel hatte der Franzose allerdings nicht ganz unrecht. Die hielten es offenbar für einen Beweis von Schwachsinn, wenn sich jemand zu guten Taten aufraffte. Sie fochten Städels Zuwendung an. Der Rechtsstreit kostete 300 000 Gulden, die Galerie verblieb den Frankfurtern.

Traumwelt

Bei den Museumsdienern wiederum sollte man sich gelegentlich erkundigen, wo man sich eigentlich aufhalte. Auf die Gefahr hin, für übergeschnappt gehalten zu werden. Die Zweifel, ob man sich in der Gemäldegalerie in Frankfurt befinde, sind nicht ganz unberechtigt. Der Frankfurter von heute hat, wie erwähnt, prinzipiell keine Zeit. Und befindet sich daher in steter Unruhe. Am liebsten ist er in Bewegung. Welche Verachtung manche Leute bei uns für Rolltreppen haben. Sie zu benutzen, zeigt ihrer Ansicht nach einen Mangel an Aktivität. Also stürmen sie die Treppen munter hinauf. Im Städel hingegen gleichen sie Somnambulen. Man muß sich dort also wirklich fragen, ob man nicht auf geheimnisvolle Weise irgendwohin geraten sei, nur nicht nach Frankfurt.
Gesprochen wird halblaut oder gar nicht. Selbst Leute, die sonst schreien, als würden sie sich mit Schwerhörigen unterhalten, flüstern. Eine flämische Landschaft von Rujsdael wirkt ja auch beruhigend. Wie versunken man auch vor einem Rembrandt sitzt. Zum mindesten muß

man so tun, als würde man nicht nach Art einer Lokomotive durch eine Gemäldegalerie rasen. Und man wäre sonst bei den Catchern anzutreffen. Bei zwei älteren Damen ist die Versunkenheit echt. Ihnen haben es die französischen Impressionisten angetan. Wenn die beiden aus ihrer Verklärung erwacht sind, werden sie wohl das weiche melodische Frankfurterisch von früher sprechen. Vielleicht werden ihre Enkel einmal genauso traumverloren dasitzen. Tun wir also nicht so, als würde es das goldige Frankfurt nur noch in ein paar starrsinnigen Köpfen geben. Da ist zum Beispiel ein junges Pärchen. Die beiden haben sich nicht einmal um die Taille gefaßt. Was sie gewöhnlich für das einzig angemessene Gruppenbild halten. Sie stehen vor alten Meistern, vor Bildern religiöser Prägung. Vor denen kann man sich allerdings nicht mit Abständen um den Hals fallen.
Eine Gastarbeiterin geht mit einem Staublappen herum. Auf den Zehen. Sie wischt die Bilderrahmen ab, als habe sie Angst, ihnen weh zu tun. Das hat ihr keiner gesagt. Sie spürt, das muß so sein.
Schulklassen sind willkommen. Manche Kinder kommen sich wie bei einer Weihnachtsbescherung vor. Sonst lärmen sie in Massen, als würden sie einen Volksaufstand proben. Scheu sind sie allerdings nicht. Seltsam: Übermoderne Bilder nennen sie gelegentlich Mist. Aber romantische Landschaften, da machen sie große Augen.

Erfreulicher Spuk

Der Stadtwald, so sollte man meinen, ist ein echtes Stück vom goldigen Frankfurt. Er hat leider zwei Fehler. Einmal liegt er vor der Tür. Vom Bus und der

Straßenbahn aus springt man geradezu hinein. Wenn man eine längere Luftreise zu ihm machen müßte, wäre er eine Attraktion. Außerdem ist es ein billiges Vergnügen, in den Wald zu gehen. Eintritt müßte es kosten. Und ohne Voranmeldung sollte man nicht hineinkönnen. Dann würde es wohl im hübschen Frankfurter Stadtwald von Spaziergängern wimmeln.

Natürlich lebt es sich unter Waldbäumen gesünder als im Auspuffgestank. Das ist aber nach Ansicht vieler Leute auch alles. Was gibt es für sie im Waldrevier schon zu sehen? Die uralten Schwanheimer Eichen. Die mögen imposant sein? Doch da sind wir von unseren Bankriesen andere Dimensionen gewöhnt. Gewiß, vom Frankfurter Wald gehen gruselige Geschichten um. Da hat das Fernsehen allerdings eine schärfere Kost zu bieten. Wenn Frankenstein-Visagen in unsere Wohnräume hineinklotzen. Oder ein Todesschrei die Mama aufschreckt, die nach mehrstündigem Krimigenuß gerade ein wenig eingedusselt war. Da gibt es ein Gedicht und eine Erzählung von einem Mörderbrunnen im Stadtwald. Was ist an der ganzen Sache schon dran? Eines Tages verschwand ein junger Jägersmann in den Fluten eines Teichs. Lieber Himmel, alle drei Tage werden doch heute Menschen vermißt. Und auch die Sache mit dem Königsbrünnchen. Frankenkönig Ludwig II. war in der Nähe der späteren Oberschweinstiege auf der Jagd. Er wurde müde und legte sich ins weiche Moos. Im Traum erschien ihm seine Gattin, die er in ein Kloster gesteckt hatte. Die Dame, so vermutete er, hatte ihm Hörner aufgesetzt, was für einen Jägersmann besonders peinlich sein dürfte. Nun erschien aber die Königin als Traumbild von himmlischer Reinheit. So daß der Schläfer nun von ihrer Unschuld überzeugt war. Er erwachte und sprengte

zum Kloster. Das Happy-end war nicht aufzuhalten. Eine rührende Geschichte, doch solche Romanzen ziehen heute nicht mehr. Mit Onassis und der verwitweten Kennedy, das war ein anderer Knüller. Wie mochte diese verwöhnte Dame vor Weinen um den Erschossenen überhaupt das Jawort herausgebracht haben?
Manchmal ist es doch goldig. Da marschiert zum Beispiel eine Familie am sogenannten Stadtwaldbrunnen auf. In bewährter Formation. Die Kleinen vornweg, die Eltern hinterher. Beglückt schauen sie auf das Idyll von Quellwasser und Miniaturfelsen. Papa doziert. Ob er alle Geschichten von den geheimnisvollen Waldbrunnen auskramt? Bei dem Quartett, was ich beobachten konnte, schien es so. Die vier sahen aus, als würden sie ein Waldmärchen erleben.

Der ungebetene Glanz

Frankfurt bietet noch andere Möglichkeiten, die Schlakken des Alltags loszuwerden. Zum Beispiel am Schaumainkai 15. In einer klassizistischen Villa. Über hundert solcher noblen alten Bürgerhäuser standen in Frankfurt. Die Bomben haben nicht viele von ihnen übriggelassen. Die machten ja keinen Unterschied zwischen Prachtbauten und Mietskasernen.
Der Apotheker Salzwedel ließ das Haus bauen. Nun sind aber Grundstücksspekulanten und Okkasionsschnüffler keine Erfindung des zwanzigsten Jahrhunderts, wiewohl des Wirtschaftswunderlands liebste Kinder. So erwies sich in beschaulichen Biedermannstagen der Bankier Metzler als ein ausgekochter Geschäfte-

macher mit Gottes Erde. Er hieß in Frankfurt der Metzlerfuchs. Das wollte viel heißen. Denn auch die anderen Frankfurter Bankiers standen nicht im Geruch, Schlafhauben zu sein, wenn es ans Geldverdienen ging. Dem Metzlerfuchs steckte das Anwesen von Salzwedel in der Nase. Er ruhte nicht, bis er es schluckte.

Den Frankfurtern waren Fürsten so „lieb wie Leibweh". Und auch das aristokratische Getue. Das sie mitunter als „Herrschaftsposse" bezeichneten. Ihre eigenen Frauen sahen sie gern tanzen. Vor allem bei einer Kerb in der Umgebung, wenn die Röcke flogen. Von der gezierten Hopserei bei Hof hielten sie nicht viel. Und die wurde von echten Prinzessinnen in der Villa am Main praktiziert. Dort fanden sich nämlich mitunter sehr noble Gäste ein. Und auch mancher Hausball ging in Szene.

Ein veritabler König erschien am Schaumainkai. Friedrich Wilhelm II. Er brachte auch noch seine Söhne mit. Es war damals wohl schon eine Weile her, daß preußische Könige ihre Untertanen mit dem Krückstock traktierten. Doch die Frankfurter Revoluzzer erinnerten sich noch gut an solches Brauchtum. Und dem Nachfahren des Prügelmonarchen war nicht geraten, die Erziehungsmethoden seines Ahnen in Sachsenhausen zu praktizieren.

Die Invasion derer von Gottes Gnaden hörte nicht auf, auch nicht, als später der Arzt Moritz Schmidt-Metzler in dem Haus Nummer 15 wohnte. Er war ein weltberühmter Spezialist und wurde auch wegen der Halskrankheit von Friedrich II. konsultiert. Gegen die waren die Ärzte aber offenbar machtlos. Wilhelm II., der Sohn Friedrichs, war ebenfalls an den Stimmbändern erkrankt. Auch er suchte Zuflucht bei dem Frankfurter Doktor.

Ihm wurde geholfen. Dem letzten Kaiser sei nachträglich seine Heilung von ganzem Herzen gegönnt. Und doch liegt die Frage nahe, ob er nicht seine Stimme bei seinen martialischen Reden durch eigenes Verschulden überstrapaziert hatte, so daß er ärztliche Hilfe in Anspruch nehmen mußte. Und falls die Operation nicht restlos geglückt wäre, hätte dann der erste Weltkrieg womöglich vermieden werden können?

Show des Reichtums

Die Villa am Schaumainkai birgt eine Ausstellung von Fayencen, Porzellanen, wertvollen Möbeln mit reichen Intarsien und vergoldeten Beschlägen. Dazu ein Glaskabinett mit Raritäten. Viel davon stammt aus Alt-Frankfurter Bürgerhäusern, und so lebt die wahrhaft goldige Zeit fort. Das tut sie auch in einem anderen Sinn. Die Geldverdiener neueren Datums haben das dringende Bedürfnis, sich antik einzurichten. Vor allem, wenn Opa und Oma womöglich im Bornheimer „Worschtfettviertel" gewohnt haben. Womit nichts gegen diese braven Leute gesagt werden soll. Im übrigen mußten Kunstgegenstände schon immer dafür herhalten, das Renommee der Dame des Hauses zu heben. Wie unbeabsichtigt drehte sie bei einer Einladung einen Teller um. Was zum Vorschein kam, hielt eine der Tischgenossinnen womöglich für das Firmenzeichen eines Warenhauses. Die Besitzerin triumphal: „Echt Meißen". Was sie nicht sagte: Diese Ignorantin hat auch noch dieselbe Masseuse wie ich! Das ehemalige Rothschild-Palais am Untermainkai warb auch für Frankfurts Vergangenheit. Unter anderem mit grazilem Höchster Por-

Da brachen nicht nur die Franzosen zusammen

zellan und Geschirr aus der Blütezeit der Frankfurter Fayencefabrik. Es erteilte auch Geschichtsunterricht. Das Zimmer, in dem 1871 der Frieden zwischen Deutschland und Frankreich abgeschlossen wurde, war „original“ dort zu sehen. Es stand einmal im Hotel zum Schwan am Steinweg. Menschen, die in der Weltgeschichte eine Angelegenheit von Glanz und Gloria erblickten, mußten entsetzt sein. Ausklang eines so heroischen Zeitabschnitts in einem Hotel. Wo neugierige Etagenkellner herumschleichen und sich Zimmermädchen zudringlicher Gäste erwehren müssen. Und auch noch in dem unheroischen Frankfurt. Die Herren Diplomaten waren jedenfalls im Schwan gut aufgehoben. Man servierte dort, selbst für französische Begriffe, ein exzellentes Essen.

Der geplagte Vogel

Im Historischen Museum gab es eine peinliche Begegnung für die Frankfurter. Mit einem Vogel, dem Brickegickel. Einen Vorgänger von ihm hatte einmal ein Sturm von der Brücke geweht. Fischer zogen ihn zufällig aus dem Wasser. Ein Ersatzhahn wurde von feindlichen Kugeln durchbohrt. Das alles schien niemand zu rühren. Als das Federvieh 1945 durch Sprengung um sein Brückendomizil gebracht wurde, wanderte es von einer Unterkunft zur anderen. Und wie oft hatten die Frankfurter Mütter ihren Kindern den goldenen Hahn gezeigt. Und in Gedanken hatten die mit ihm gespielt. Aber zurück zum Friedenszimmer. Seine hübschen, behaglichen Möbel können Leute mit Phantasie verwirren. Wie mag das zugegangen sein, wenn sich der Eiserne Kanzler auf der reizenden Chaiselongue aus goldfarbenem Damast

Ihr seid mir schöne Frankfurter!

niederließ? Den schweren Kürassierhelm mußte Bismarck vorher wohl abgesetzt haben. Sonst wäre das niedliche Möbelstück vermutlich zusammengekracht.

Sensibilität

Die Frankfurter und ihre alte Brücke. Das ist eine Angelegenheit, die Fremde nie verstehen konnten. Jeder in der Stadt meinte, einer der roten Brückensteine gehöre ihm. Er fühlte sich bestohlen, als die alte Brücke abgerissen werden sollte. Sie sei ein Ärgernis für die Schiffer. Nun bringt die Frankfurter nichts mehr auf als amtliche Ergüsse. So wurde für sie das größte Ärgernis, als man sie behördlicherseits davon überzeugen wollte, daß die Tage der alten Brücke wegen des Verkehrs auf dem Main gezählt sein müßten. Sie bezeichneten das als „Schmus von Enkem“. Geschwätz von Enkheim. Von den Versprechungen, daß die neue alte Brücke auch schön sein werde, hielten sie gar nichts. Sie wollten über ihren alten krummen Steg marschieren. Und wenn man ihnen ein technisches Weltwunder hingestellt hätte, sie würden sich bei jedem Schritt darüber geärgert haben. Noch hinterher gab es Zeter und Mordio. Das Mitglied eines Künstlerstammtischs durfte sich in der Runde nicht mehr sehen lassen. Dabei hatte der Betreffende höchstens einmal den neuen Bauplan in der Hand gehabt. Doch Fried Stern, Maler, Journalist und Original, wollte ihm immer wieder an den Kragen. Empfindsamkeit und Empfindlichkeit spielen auch eine Rolle, nachdem das Historische Museum nach dem Römerberg umgezogen ist. Es präsentiert sich dort weit imposanter als bei Rothschilds. Nun gibt es aber seit

Menschengedenken in Frankfurt zwei Lager. Und ganz offenbar zweierlei Augen. Die einen glauben zu sehen, daß in dem neuen Glaskasten-Museum gewisse Perioden des Frankfurter Lebens um alle Würde gebracht worden seien. Die anderen sind der Ansicht, es gäbe keinen Grund, finstere Zeitläufe als besonders licht darzustellen. Das harmlose Publikum wiederum ist der Ansicht, eine Ausstellung sei zur allgemeinen Freude da.

Der strapazierte Duft

Gemeint ist der oft zitierte Duft der großen Welt. Sind auch die Frankfurter auf dieses lockende Parfüm rettungslos eingeschworen? Haben sie ihre schöne Umgebung vergessen? Mit der sie immer so protzten. Als würde das alles um die Ecke liegen, der Taunus, der Spessart und der Odenwald. Jetzt tun sie plötzlich, als würde die Welt erst hinter den deutschen Grenzen beginnen. Und da noch lange nicht. Was ist schon mit Spanien und Italien? Die kommen ihnen wie Seckbach und Oberursel vor. Dorthin gehen auch der Briefträger und die Putzfrau in Ferien. Wer was ist, gehört in ein exotisches Traumparadies. Wo man möglichst kein deutsches Wort hört. Und einem nicht irgendeiner auf die Schulter klopft und sagt: „Sind Sie nicht der Herr Balser von der Bergerstraß?"
Von den Ärzten soll man sich nicht verrückt machen lassen. Die haben etwas gegen die Sonne. Und halten es sogar für eine idiotische Modesache, daß man sich an einem außereuropäischen Strand rösten läßt. Vielleicht gibt es in Frankfurt sogar Ehemänner, die auf solchen Humbug hören. Die haben offenbar kein ausgemachtes

Nervenbündel zu Hause. Eine Flattertype, die in die exotische Sonne verliebt ist. Wenn die überempfindliche Dame aus dem fernen Treibhaus heimkommt, ist sie völlig übergeschnappt. Eine Genugtuung hat sie allerdings. Beim Wiedersehen mit ihrer „besten Freundin". Die muß nämlich zugeben: „Du bist ja braun wie eine Göttin!" Während die Giftnudel selbst aussieht, als sei sie jahrelang nicht aus ihrer Küche herausgekommen. Für einen solchen Triumph seiner Gattin muß es sich der Ehemann schließlich gefallen lassen, daß die nach den Sonnenferien erst recht Zustände bekommt.

Die kleinen Wunder

Es gibt zahlreiche Leute, die morgens zur Arbeit fahren, ihre Zeit im geschlossenen Büro absitzen und rasch wieder zu irgendeinem Verkehrsmittel rasen. Abends hat sie dann der Fernsehschirm in den Klauen. Und das halten sie für ein normales Dasein. Wie überrascht ist ein solcher Zeitgenosse, wenn er daran erinnert wird, daß die Welt nicht nur aus Autos, Straßenbahnen, Büros und Fernsehern besteht. Wenn ihm beispielsweise ein Tagebuch seiner Großmutter in die Hände fällt. In dem die Oma von einem Ausflug nach Bergen schwärmt. Den Blumen am Weg. Und dem Blick ins Tal. Was soll ein Frankfurter von heute von so einer großmütterlichen Schwärmerei halten? Ganz abgesehen davon, daß von einem berauschenden Talblick keine Rede mehr sein kann. Jetzt schaut man von der Höhe auf eine Industrielandschaft. Es fehlen nur die Rauchfahnen. Sonst würde man sich wie im Ruhrgebiet vorkommen. Doch welch ein Trost, wenn die Spessartberge zu sehen sind. Welch

Das geht in die Kiemen

ein Gewinn für das Herz! Und Blumen blühen da oben immer noch.
Warum soll man nicht einmal an der Nidda spazierengehen? Ein bescheidenes Wässerchen. Im Vergleich mit dem Rhein zum Beispiel eine Pfütze. Was man vor den Nidda-Wanderern nicht zu laut sagen darf. Allein der große deutsche Strom wird in Zukunft wohl nur noch die Anti-Umweltverschmutzer interessieren. Allerdings dürfte der Schaum, der mitunter auf der Nidda herumschwimmt, auch nicht dem vergleichbar sein, aus dem die Venus geboren sein soll. Es handelt sich bei ihm vielmehr um ein Geschenk der Industrie an die Natur. Plötzlich steht man indessen in der Nähe der Praunheimer Brücke vor einem reizvollen Durcheinander von Wasser, abenteuerlich geformten Bäumen und bettelnden Enten. Wie kommt so ein Idyll hierher, muß man sich fragen. Warum haben Straßen und Häuser es nicht schon längst aufgefressen? Aber auch dieses Miniaturparadies tut wohl in der Hochkonjunktur der Herzinfarkte.

Eine Seefahrt, die ist lustig

Frankfurter, die an Bord gehen, das mutet wie ein Witz an. Höchstens, daß sie einmal vom Eisernen Steg aus mit dem „Goethe" in See stechen. Und kommen sich vor, als wollten sie um Kap Horn fahren. Früher ging's ab und zu nach der Gerbermühle, weil das in der Familie so gehalten wurde. Man traf dort Bekannte, denen man das ganze Jahr über nicht begegnete. Gelegentlich hören wir, daß es mit der Gerbermühle wieder aufwärts gehen soll. Doch die alten Zeiten wird man kaum heraufbeschwören können. Die Sommernächte. Auf dem Heimweg hörte man noch aus den offenen Fenstern singen: „Warum ist es am Rhein so schön.“ Und das mußte sich der alte Main gefallen lassen. Hinten im Garten gibt es eine Überraschung. Ein Heiligenstock. Recht unbeachtet steht er da. Dabei trägt er immerhin die Jahreszahl 1519. Dieter Knoll ließ ihn hinstellen, ein angesehener Frankfurter Bürger. Jeder Betrachter des Steins sollte die Seele von Knolls Vater der Gnade des Himmels empfehlen. Der hatte nämlich an besagter Stelle einen Priester erschlagen. Das brachte den Erzbischof von Mainz schon aus kollegialen Gründen auf. Er sorgte dafür, daß der Missetäter seiner irdischen Strafe nicht entging. Eine kleine Genugtuung dürfte der Gegenwartsmensch vor diesem Sühnestein empfinden. Er darf sich sagen, daß es schon immer Untaten gab. Aber seien wir ehrlich. Wenn heute für jeden Frevel ein solcher Stein hingestellt würde, müßte der Verkehr in Frankfurt wohl zusammenbrechen. Vor lauter Steinen gäbe es für die Autos kein Durchkommen mehr. Wir wollen allerdings nicht zu schwarz sehen. Man möchte unserer goldigen Stadt die Bezeichnung „Klein-Chicago“ anhängen. Wobei sich manche Leute das „Klein“ vielleicht noch mehr verbitten als das Chicago. Aber so weit ist es bei uns noch nicht wie in jenem Gangsterdorado. Daß eine Mutter ihrem Söhnchen mitteilt, der Großvater sei gestorben und der Junge prompt fragt, wer ihn denn erschossen habe.

Des Meeres und der Liebe Wellen

Die Frankfurter zieht es, wie gesagt, nicht aufs Wasser. Mit einer Ausnahme. Der Jugend wird die Möglichkeit zu stürmischer Seereise geboten. Auf dem „Capt’n

Cook". James Cook war ein berühmter englischer Weltumsegler. Das nach ihm genannte Schiff besitzt allerdings nicht den Ehrgeiz, die Welt zu umsegeln. Es hat für alle Zeiten am Sachsenhäuser Ufer festgemacht. Es ist ein im Hafen liegender Vergnügungsdampfer.
Mit dem Namen allein ist es nicht getan. An Bord muß auch entsprechendes Leben herrschen. Der Capt'n Cook hat in der Beziehung etwas zu bieten. Gastronomische Seefahrtromantik. Im Bauch des Schiffes herrscht gedämpftes Licht. Die malerischen Lampen, von denen es ausgeht, fangen zu schaukeln an, wenn in der Nähe ein Schleppzug vorüberfährt. Und hohe Wellen schlägt. Mit der Dunkelheit kommt Poesie durch die Luken. Sie gewähren einen Blick auf ein stimmungsvolles Gemälde, den guten alten Main, in dem sich viele Lichter spiegeln. Eigentlich müßte das Schiff immer schaukeln. Seine Gäste werden nämlich nicht müd, stürmisch zu tanzen. Man würde sagen, daß sie wie die Flibustier feiern, die beim Kapern fette Beute gemacht haben. Aber dafür sind die jungen Leute auf dem Capt'n Cook doch zu manierlich.

Wie eine fromme Gemeinde

Die alten Frankfurter ließen es sich in ihren Gärten am Stadtrand gut gehen. Dort konnte man in aller Ruhe krätschen, „über Gott und die Hausleut", wie man bei uns sagt. Und dazu die schönen Gartenhäuser. In denen hätte sich mancher deutsche Duodezfürst sehen lassen können. Was nicht viel besagen will. Die gekrönten Herren waren ja mitunter in der Klemme und mußten bei den reichen Frankfurtern pumpen. Die wiederum hatten oft genug „große Rosinen im Kopf". So auch die

Wer hat dich du letzter Wald . . .

Guldenmillionäre Leonardi. Die holten sich für ihr Gartenhaus nicht ewa einen braven Maurermeister vom Weckmarkt. Da mußte ein Nicolas Alexandre Salins de Montfort herbei, den die Revolutionäre seiner französischen Heimat einen Kopf kürzer gemacht hätten, wäre er nicht rechtzeitig geflüchtet. Der Franzose stellte ein luxuriöses Gartenhaus hin, was heute noch im Palmengarten zu besichtigen ist. Es wird vom Tennisclub von 1914 bewohnt.

Eine Sorte von Frankfurtern ist der alten Liebe zur möglichst ungestörten Natur treu geblieben. In Trupps flüchten sie vor den Zvilisationsquälgeistern in den Taunus. Viele nehmen das Auto, das sie dann stehenlassen, um im Wald zu verschwinden, wie man an heißen Tagen in einen kühlen Swimming-pool springt. Das sind aber nicht die echten. Die Elite fuhr immer schon Straßenbahn, heute benutzt sie die U-Bahn.

Den überzwerchen Namen haben sie sich wohl selbst gegeben. Er klingt so angenehm gebildet. Und auch wieder nach einer Sekte mit absonderlichen Gebräuchen. Tauniden. Sie sind allerdings für Wald, Wiesen und Gestrüpp zünftig kostümiert. Nicht etwa salopp. Vor allem sehen die Männer wie kultivierte Waldmenschen aus. Sie tragen Naturgesellschaftsanzug. Meist alter Schnitt.

Die Frauen sind wohl deftig, doch mitunter allerliebst angezogen. Frankfurter Dirndls. Mit Stock! Nicht, daß sie sich darauf stützen müssen, auch die älteren nicht. Er gehört zur Uniform. Als Knüppel soll er auch nicht dienen. Dort oben sind ja nur anständige Menschen. Außerdem wandern die Damen meistens zu zweien. Und schließlich kann eine Frau ihre Handtasche auf der Zeil am hellen Tag loswerden. Ohne Sorge marschieren jedenfalls die Taunidinnen dahin, als würden der Wald und die Schneisen ihnen gehören. Man kann neidisch werden, wenn man sie in der Tram heimfahren sieht. Mit ein bißchen Grün haben sie ein paar Stunden wirklich gelebt. Können die Wochenendstubenhocker dasselbe von sich sagen? Die warten geduldig auf den Abendkrimi. Der soll ihre Lebensgeister aufmöbeln, wie bei den anderen die Waldblumen und der Tannenduft.

Manchmal rät uns jemand: Fahren Sie doch mal nach Wilhelmsbad. Man würde dort so weltvergessen zwischen Gebäuden herumwandern können, die viele Jahrzehnte geschlafen haben. Und die Besucher des geruhsamen Parks sollten sich gar nicht wundern, wenn ihnen so wäre, als tauchten plötzlich hinter Büschen freundliche Elfen auf. Im zwanzigsten Jahrhundert? Warum nicht? Da glauben die Menschen noch an manchen anderen Spuk.

Schock

Eine schlechte Angewohnheit hatten die Frankfurter schon immer. Sie betrachteten die Fremden von oben bis unten. Wie kommt der eigentlich hierher? Und was hat der bei uns zu suchen? Wer sich hier sehen ließ, mußte zu der Stadt passen. Heute haben die Frankfurter allen Grund, sich prüfend umzuschauen. Und dabei mitunter stehenzubleiben, als wollten die Füße nicht weiter. Ja, sie sprechen dann sogar irgendeinen wildfremden Menschen an. „Haben Sie das gesehen? Wo soll denn das hin, wenn das so weitergeht?“

Was soll man nicht gesehen haben? Und was wird immer schöner? Wie auch von entrüsteten Leuten mitunter zu

hören ist. Drücken wir es einmal kurz so aus: Wir begegnen in Frankfurt oft Menschen, die nicht der veralteten Ansicht sind, die Kleidung diene dazu, um sich vor den Unbilden der Witterung zu schützen. Sie meinen, die sei da, um andere Menschen damit zu schockieren.
Manche Leute verwechseln an heißen Tagen die City mit einem Badestrand. Am liebsten gingen sie mit einem Lendenschurz. Im Winter wiederum tragen sie Felle von unergründlicher Herkunft. Um es den Trappern und Fallenstellern in den Weiten Alaskas gleichzutun. Von manchen jungen Mädchen hat man indes den Eindruck, sie würden im nächsten Moment in einer Urwaldhütte verschwinden. Und daß sie sich nur deshalb eine Kleinigkeit um die Lenden gebunden hätten, weil ein europäisches Fernsehteam von ihnen Aufnahmen gemacht hat. Bei denen es so ganz hüllenlos nicht geht.

Fehlspekulation

Man stelle sich eine biedere Rentnerin aus Bornheim vor, die sich auf der Zeil und in der Goethestraße die Läden anschauen will. Die alte Dame kommt nur selten aus ihren vier Wänden heraus. Sie ist daher nicht hinreichend darüber orientiert, in welchem Zustand sich manche Einwohner ihrer Stadt öffentlich zeigen. Dieser Frau, die noch ein wenig in den Vorstellungen ihrer Tanzstundenzeit lebt, kommt nun ein Mensch entgegen, der bis zur tiefsitzenden Hose splitternackt ist. Die Ärmste muß auf den Gedanken kommen, die Frankfurter Innenstadt sei zu einem Nudistenrevier geworden.
Die Frankfurter Mädchen scheinen sich von der nahezu totalen Nacktheit eine ganze Masse zu versprechen. Sie

Wie weit ist es noch bis Alaska?

sollten sich hierüber einmal mit den Omas unterhalten. Die würden ihnen mit sachdienlichen Belehrungen dienen können. Die Damen der Gartenlaubenzeit hielten die Keuschheit auch nicht für den beseligendsten Zustand. Sie benahmen sich aber vorsichtig. Denn ihnen waren nur Pillen gegen Migräne geläufig. Außerdem sprach man damals monatelang über Skandale, die heute schon nach ein paar Tagen vergessen sind. Geradezu geschwelgt wurde davon, wenn sich die Damen im Café Jolasse an der Hauptwache die berühmte Schokoladentorte schmecken ließen. „Das Mädchen soll spät abends aus der Wohnung eines bekannten Schauspielers gekommen sein. Unerhört, wo doch der Vater Mitglied der Loge am Mozartplatz ist." Dann ging es natürlich gegen den Verführer los. Nicht genug, daß er auf der Bühne den gewissenlosen Herzensbrecher spielt. Sein umfangreiches Sündenregister wird aufgetischt. Und dazu noch eine Torte, diesmal mit Schlagsahne. „Der Bursche mag schon mancherlei Kuckuckseier in Frankfurter Nester gelegt haben." Ob der Zorn der nicht mehr ganz frischen Damen daher rührte, daß der Lotterbube sie selbst bei der Auswahl seiner „Opfer" vergessen hatte?

Wucher mit der Entblößtheit

Es war, wie gesagt, ein Risiko, geliebt zu werden. Ohne Trauschein ist gemeint. Ein Mädchen mußte also im Liebesfalle ökonomisch verfahren. Das galt für Geheimratstöchter wie für Markthelferinnen. Verschenken war für beide ein schlechtes Geschäft. Daher ließen kluge Mädchen sich Zeit, einen Mann sehen zu lassen, was er heute an jeder Straßenecke besichtigen kann. Um mit unserem Buchtitel zu sprechen, schon eine Andeutung davon mußte er goldig finden. Übrigens hatte die damalige Damenkleidung an sich schon eine retardierende Wirkung. Bis der Liebhaber der Partnerin das Korsett aufgemacht hatte, war die womöglich wieder reumütig auf den Pfad der Tugend zurückgekehrt. In gewisser Beziehung gab es allerdings weniger Hindernisse. Ich sehe einige Herren mit grauen Schläfen, die das lesen, mit den Augen zwinkern.

Nun sind aber die Mädchen von heute nicht auf den Kopf gefallen. Sie haben daher wohl Gründe, wenn sie sich nicht allzu lange zieren, um einmal dieses Wort aus der amourösen Mottenkiste zu gebrauchen. Die jungen Männer sind gegenwärtig sehr ungeduldig. Es fehlt ihnen auch keineswegs an Offerten. Sie werden sich sicher sagen, daß auch andere Mütter schöne Töchter haben, wenn sie allzusehr auf die Warteliste gesetzt werden.

Übrigens gab es auch zu Omas Zeiten sehr fortschrittliche junge Damen. Sie schreckten vor nichts Modischem zurück. Nicht einmal vor den verwegenen Radfahrkostümen, die als überaus elegant galten, als der Radsport Trumpf wurde. Allein dieses modische Kleidungsstück erwies sich als besonderer Hemmschuh für unternehmungslustige Velozipedkavaliere.

Seide, Spitzen und schlechtes Gewissen

In den goldigsten Frankfurter Zeiten wußten die Frauen, worauf es ankam. Nicht auf das „Ohne“, sondern auf das „Mit“. Dieses Mit besorgte der Gatte meist selbst. Mitunter aus Paris. Dann mußte er sich allerdings ein

Da muß man sich ja als Papagei schämen

Verhör gefallen lassen. Wo er sich die Anregung für die verführerische Unterkleidung geholt habe. Er schwor natürlich, er hätte die herrlichen Dessous nur im Schaufenster bewundert. Bei allem, was ihm heilig sei. Nun ist allerdings Männern, die einen Abstecher nach Paris machen, nicht viel heilig. Andererseits war die Beschenkte von dem Blendwerk aus Seide und Spitzen so beeindruckt, daß sie sich zu jeder Art von Verzeihen bereit fand. Doch was sollte eine brave Bockenheimer Hausfrau mit diesem knisternden Rauschgift anfangen! Sie kam sich damit womöglich so verwirrt wie ein Mädchen vor, das den ersten Kuß bekommen soll. Aber durfte sie das kostbare Stück ablehnen? Der Filou von Mann wußte dann sicher, wohin damit.

Die heutigen Frankfurterinnen heizen ihren Männern weniger mit Dingen ein, die man mit Aperitifs vergleichen möchte. Vor allem die Anfängerinnen auf dem Sektor amour. Auf der anderen Seite verlassen sie sich auch nicht ganz auf die großzügige Zurschaustellung ihrer Haut. Manche greifen zu drastischen Mitteln. So hörte man von einem Höschen mit einer neckischen Dekoration, was nicht nur unter dem Ladentisch zu haben war. Dieses kapriziöse Beinkleid zeigt an einer diskreten Stelle einen niedlichen Katzenkopf. Es scheint, daß die Herstellerfirma wußte, was sie damit tat.

Auf die Barrikaden

Man hat das Gefühl, manche Frankfurter Jünglinge finden sich deshalb okay, weil die anderen Leute das nicht finden. Vor einiger Zeit schon konnte man allerdings den Eindruck haben, sie seien zu der verstaubten

Mode ihrer Opas zurückgekehrt. Sie tragen nämlich jenes seltsame Bekleidungsstück, das man immer noch als Hut bezeichnet. Ganz in schwarz. Daß sie damit gefallen wollen, scheint eine Fehleinschätzung zu sein. Der verwegene Hut soll vielmehr ein Zeichen für aufrührerische Gesinnung sein, im allgemeinen jedenfalls. Damit erinnert er an den sogenannten Heckerhut, den die achtundvierziger Revolutionäre zu tragen pflegten. Der Hauptträger Hecker wurde von den Preußen unter Führung des „Kartätschenprinzen" Wilhelm (es handelt sich um den Großvater des Zweiten) füsiliert. Die heutigen Heckerhutbekleideten machen eher mit den Wasserwerfern Bekanntschaft.

Die jungen Frankfurterinnen betreiben ihre Auflehnung mehr mit Schockfarben. Die beziehen sie aus zahlreichen Boutiquen. Sie sehen darin allerdings oft so allerliebst aus, daß sich der Aufruhr mehr in den Herzen der Männer austobt.

Frankfurt wurde einmal wegen seiner gutangezogenen Männer gerühmt. Schließlich war es die Stadt der Millionäre, und die pflegten noch nie in Lumpen herumzugehen. Wenn früher einem Herrn nachgesagt wurde, er sei schlecht angezogen, schadete das seinem Ruf. Als würde von ihm erzählt, er pflege silberne Löffel zu stehlen. Heute haben die Großverdiener keinerlei Ambitionen, die Gigolos zu spielen. Nicht einmal in Kampen auf Sylt, wo sie unter sich sind. Da erscheinen sie vorschriftsmäßig nackt, wohlgepolstert wie ihre Bankguthaben. Dorthin zog es ehedem die begüterten Frankfurter nicht. Sie hielten nichts von den in Mode gekommenen Nordlandreisen. Sie waren für Venedig und Monte Carlo. Da konnten die Herren natürlich nicht im Konfirmationsanzug auftreten. Doch die Frankfurter Männer

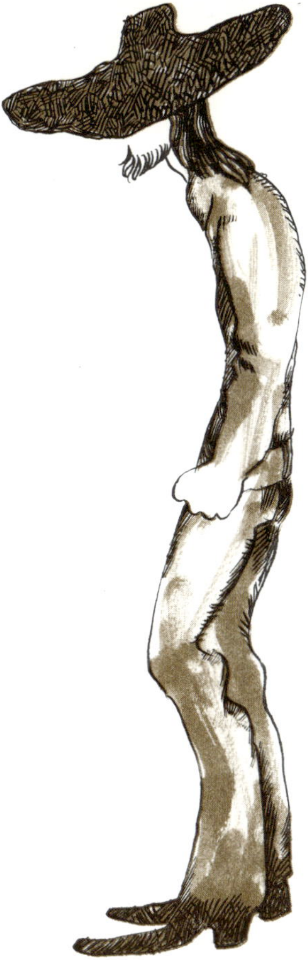

Barrikaden-Schick

wußten ja, wohin sie sich zu wenden hatten, um in der Großen Welt bestehen zu können. Zu Meister Jureit am Roßmarkt. Im alten Deutschland war selbst die Polizei nicht berechtigt, von einem Bürger einen Ausweis zu verlangen. Bei Jureit mußte man sich legitimieren. Zum mindesten unter Berufung auf einen angesehenen Kunden.

Wache raus!

Der Ruf des Frankfurter Bekleidungskünstlers war weit über die Stadt hinausgedrungen. Bis nach Berlin. Das wollte viel heißen. Die Reichshauptstädter taten nämlich die Provinz so mitleidig ab, wie die neuen deutschen Kolonien Tasmania und Kamerun. Doch der Hof kannte von jeher nur Deutsche, wenn er von ihnen etwas haben wollte. Etwa prächtige Damenkostüme, wie sie der Frankfurter Zauberer mit Elle und Schere auch schneidern konnte. Er wurde auf Veranlassung der Kaiserin Augusta Viktoria nach Berlin befohlen. Nun schicken Würdenträger meist erst einmal ihre Adjutanten. Daher machte sich Jureits Mitarbeiter zunächst auf die Reise zu „Kaisers". Nicht ohne Bangen. Vor der Herrlichkeit des Throns. Das wurde dem Deutschen schon von der Amme beigebracht. Der Empfang des Schneiders aus Frankfurt war in der Tat überwältigend. Die Wache trat heraus und präsentierte, als er sich dem Schloß näherte. Man hatte den Ankömmling für einen Diplomaten gehalten. Es bleibt dahingestellt, ob er das als eine Auszeichnung betrachten mußte. Schließlich haben die Politiker den Völkern dieser Erde schon schlimme Dinge zurechtgeschneidert.

Der Botschafter von Eleganzia

Die Hohe Frau war mit dem Frankfurter Kostüm sehr zufrieden. Höchstwahrscheinlich saß es wie die Uniform eines Gardeoffiziers.

Die Uniform der Grossverdiener

Wo sind die Jureits hingeraten? Fragt man sich auf Frankfurts Straßen und Plätzen. Nichts gegen die Firma an sich, die ja heute noch besteht. Es handelt sich ganz allgemein um die Frankfurter Eliteschneider. Im vergangenen Jahr haben sich kaum Schneiderlehrlinge gemeldet, und was soll aus einer Kunst werden, wenn es an gläubigen Schülern fehlt?

Ob die Meister selbst nicht manchmal ihres Handwerks überdrüssig werden? Wenn sie die vielen Blue jeans auf den Straßen sehen. Diese schmucklosen blauen Röhren. Mit denen man sich getrost ins Bett legen kann. Früher durfte eine Hose keine Falte schlagen. Der modebewußte Mann wagte kaum, sich zu setzen. Hundertmal am Tag bewunderte er das Kunstwerk an seinen Beinen.

Die Preise der Schneideranzüge haben einen Höhenflug angetreten. Die für Gurken und Lendenstücke auch. Ein Tausendmarkschein reicht beim Topschneider nicht aus. Dafür ist man „angezogen“. Solide-elegant. Und nicht, daß man wie ein psychisch gestörter Playboy aussieht oder eine verspätete Operettenfigur. Man trägt eben die richtige Uniform für Aufsichtsratssitzungen. Und sieht nach einem Aktienpaket aus.

Da ist allerdings ein Haken. Die Anproben. Qualvoll für einen Termingehetzten. Wenn auch noch die Sekretärin anruft, während man Schrittübungen vor dem Spiegel macht. Mit gewohnter Flötenstimme: „Herr

Direktor, ich muß Sie leider stören. Es ist dringend." Als ob es jemals nicht dringend wäre. Und dann wieder zum Denkmal erstarren.
Die Frankfurter Schneider kommen zu Anproben auch ins Haus. Da taucht allerdings ein Gespenst auf. Die Gattin des Kunden. Früher kam sie schon bei der Auswahl des Stoffes mit. Und ging dem Meister auf die Nerven. Unerträglich ist sie bei den Anproben. Mit endlosen Korrekturvorschlägen. Was sie da nicht alles entdeckt! Sie kann ja schließlich nicht zugeben, daß ihr Mann als Tramp herumläuft. Im übrigen handelt sie oft egoistisch. Einen auffallend schicken Mann möchte sie auch nicht haben. Eine Augenweide für andere Frauen. Lieber soll er ein bißchen hausbacken aussehen. Ob sie mit ihren schlauen Überlegungen recht hat? Die Dinge liegen doch so, daß es nur darauf ankommt, wie dick die Brieftasche ist, die in der Hose steckt. Mag sie ruhig schlampig sein. Das Kleingeld, in diesem Fall das große, sorgt mitunter für Romanzen.

Von der Stange

Das war früher niederschmetternd. Wenn einem Mann nachgesagt wurde, er würde Anzüge von der Stange tragen. Heute ist das fast ein Lob. Wer „grade" gewachsen ist, kann Konfektion tragen. Und das tun die jungen Leute, die älteren auch, bei denen der Bauchumfang nicht größer ist als der von der Brust.
Viele Frankfurter können die Eifelturmpreise bei den ersten Schneidern nicht bezahlen. Deshalb sehen sie noch lange nicht aus, als würden sie unter der alten Brücke

nächtigen. Sie warten auch nicht mit Farbkontrasten auf, die Leute mit Geschmack als einen Tiefschlag empfinden. Sie, und besonders die jungen Menschen, sind eben clever. An den Ausverkaufstagen schauen sie sich schon in aller Frühe auf der Zeil um. Und erwischen für wenig Geld eine Rarität. Wie nach Maß! Dazu noch einen Schuh mit einem Flair von Hollywood. Und eine ordentliche Krawatte, die nicht wie ein Schnürsenkel aussieht. Und nicht so, als hätte sie der Krawattenmacher im Rauschzustand entworfen. Damit haben Sie den heutigen Frankfurter Kavalier, der auch nicht weniger gefällt als damals die Flaneure von der Goethestraße.

SOS

Hilferuf der Frankfurter Frauen. Die dem Teenageralter entwachsen sind. Und der unwillkommenen Reife zustreben. Sie müssen ja irgend etwas tun, um die etwas abhanden gekommene Jugendfrische zu egalisieren. Also hin zu den künstlichen Quellen der Schönheit. Die in Frankfurt reichlich sprudeln. Kosmetikinstitute in allen Preislagen. Sie können allerdings nur teilweise Wunder vollbringen. Vor allem nicht bei Damen, die dem süßen Leben huldigen. Im wahrsten und verderblichsten Sinn des Wortes. Nicht nur sahnegekrönte Eisbecher sind ja ein sicheres Mastmittel, auch Alkohol in jeder Form. Dagegen kämpfen selbst gewalttätige Masseusen vergebens.

Aber es gibt ja andere Rettungsstellen. Die Nachwuchsschönheiten geizen, wie bereits erwähnt, nicht mit ihren Reizen. Davon konnte ich mich deutlich an der Konstabler Wache überzeugen. Wiegenden Schritts kam dort eine Jugendliche daher. Ihr Brustumfang brauchte sich hinter dem der Mansfield in deren großen Zeiten nicht zu verstecken. Offenbar war die Frankfurter Mansfield jedoch besorgt, ihre Attraktivität könne den Männern auf den ersten Blick entgehen. Sie machte daher auf ihren Vorrat an Büste auf eine neckische Weise aufmerksam. Auf ihrem Pulli sah man eine Hand nach ihrer enormen Wölbung fassen. Aufgemalt oder eingenäht. Dabei sah das Mädchen gar nicht danach aus, als ob sie auf künstliche Finger angewiesen sei. Vorsorglich wollte sie offenbar zu einem Griff in jene Gegend einladen, in die sich meist der erste Blick der Männer richtet. Seriöse Damen können natürlich von solchen Werbemitteln nicht Gebrauch machen. Ein geschicktes Modeatelier kann den „gesetzteren" Damen dazu verhelfen, daß sie selbst mit einer brutalen Rivalität von seiten der jüngeren Jahrgänge fertig werden, wie wir später sehen sollen.

Exzentrische junge Geschöpfe haben noch eine andere Möglichkeit entdeckt, ihre körperlichen Reize zu intensivieren. Wobei sie vor allem der Werbung dienlich sind. Die ja wohl diese neuartige Kunstgattung erfunden hat. Ich nehme nicht an, daß sie von den Wilden stammt, die ja für Hautmalereien viel übrig haben. Die Damen lassen sich im Zustand der Eva anpinseln. Und es gibt in Frankfurt einen besonders gefühlvollen Hautmaler. Der sich nicht nur auf breite Hautstrecken beschränkt. Natürlich hat nur ein kleiner Personenkreis das Glück, die aufregende Gemäldeschau in natura zu bewundern. Der Rest muß sich mit der Reproduktion begnügen. Oder sollte im Freibad Eschersheim eine besondere Abteilung für geschmackvoll Angepinselte eingerichtet werden? Sie hätte sicher Zuspruch. Womöglich müßten allerdings Verbote plakatiert werden. Daß es zum Beispiel nicht erlaubt ist, die Porträts führender Politiker an gewissen Körperstellen zu zeigen. Womöglich könnte sie das beim Volk in einen schlechten Geruch bringen.

Die Modepsychiaterin

Gemeint ist die Inhaberin eines exquisiten Modeateliers in Sachsenhausen. Gleichzeitig Psychiaterin? Wieso? Weil sie sich an ihre Kundinnen herantasten muß, als würde es um Seelenforschung gehen. Mit Takt auf die Dinge kommen muß. Maße, die sieht man. Über Alter darf man zwischen Frauen zur Not auch sprechen. Aber die innere Verfassung? Herzensangelegenheiten? Die sind äußerst wichtig. Denken wir nur an verheiratete Frauen, denen eine Freibeuterin der Liebe ins Gehege kommt. Sie können ja nicht gleich zum Revolver greifen. Also wenden sie sich vertrauensvoll an die Modeschöpferin. Die soll sie so toll anziehen, daß das Brechmittel der Ehe keine Chance hat. Und wie helfen sich die jungen? Was heißt heute noch eine Nacht mit Fliederduft, wo es doch bei Verlobungen oft genug nach Gasolin duftet? Aber ein märchenhaftes Abendkleid! Da rafft sich der junge Mann womöglich sogar zu der abgestandenen Frage auf: Willst du die Meine werden?

Die Kundinnen packen oft freimütig aus. Wie eine Zwanzigjährige daherkommen. Der Wunsch plagt vor allem jene, die kurz davor stehen, in aller Stille ihren Fünfzigsten zu feiern. Die Atelierbesitzerin hat Bedenken. Die sie mit charmanter Behutsamkeit vorbringen muß. Und dann eine Frage von großer Peinlichkeit. Die Kundin: „Wie wäre es mit einem tiefen Ausschnitt?“ An sich nicht schlecht. Falls der Herr, mit dem die „ausgeschnittene“ Dame Konversation macht, kurzsichtig ist.

Das geht den Männern unter die Haut

Sonst dürfte ihn die Ansicht des Ausschnitts vergrämen. Die Filmherrlichkeit ist verblaßt, und doch möchte manche wie ein Star aussehen. Den sie einmal in einer berauschenden Robe bewundert hat. Die Sache hat allerdings einen Haken. Die Robe geht nicht allein zur Party, es steckt etwas drin, was nicht unbedingt einem Star gleicht.

Bei allzu raffinierten Kleidern ist Vorsicht geboten. Wehe, wenn das Atelier das gleiche Modell für eine andere Kundin anfertigt. Die Erstbezieherin bekommt Zustände, daß womöglich das Überfallkommando anrücken muß. Die teueren Kleider werden oft für eine einzige Gelegenheit geliefert, für den Madame-Ball, die Große Woche in Baden-Baden oder für eine Silvesterfeier in einem internationalen Frankfurter Hotel. Was fängt man dann mit dem „abgetragenen" Stück an? Die Kleiderschränke sind zum Brechen voll. Es der Putzfrau schenken? Der würden im Kamerunviertel, wo sie wohnt, die Kinder auf der Straße nachlaufen.

Die Leidtragenden

Damit können nur die Männer gemeint sein. Die zahlen müssen. Meist tun sie es ohne Murren. Wenn Seidenbrokat oder Spitzen verwendet worden sind, reißen sie bei einem Blick auf die Rechnung allerdings auch mal die Augen auf. Im allgemeinen aber sind sie dafür, daß sich ihre Frauen kostbar anziehen. Das bedeutet für sie eine prima Geschäftskarte. Mitunter haben sie auch etwas gutzumachen. In ihrer Tasche ist eine verdächtige Telefonnummer gefunden worden. Was nebenbei nur einem Schwachsinnigen passieren kann. Jeder Ehemann mit

Die wird sich doch nicht ausziehen!

Verstand kontrolliert doch seine Taschen, bevor er in das traute Heim kommt. Doch das sündhaft teuere Kleid verschafft dem Verdächtigen Absolution. Im Ton eines Schmierenkomödianten sagt er dazu: „Schatz, willst du dir nicht doch was Besseres nehmen?"
Ein zweiter Fall. Im Kampf um die schlanke Linie hat es die Gattin zu einem großen Erfolg gebracht. Verglichen mit ihr scheint das dürre englische Fotomodell Twiggy an Fettsucht zu leiden. Darüber ist der Ehemann entsetzt. Wenn das so weitergeht, muß er einen Psychiater aufsuchen. Der ihn vor der krankhaften Scheu vor seinem Schlafzimmer kuriert. Der verängstigte Gatte wird Zuflucht bei der Modesachverständigen in Sachsenhausen nehmen. Und sie händeringend bitten, seine Ehehälfte doch ein bißchen auszupolstern.
Nun herrschen aber in den bescheidenen Wohnhäusern von Griesheim andere Zustände als in den Bungalows auf dem Lerchesberg. Wenn „Mutter" da mal ein neues Kleid haben will, sagt er prompt: „Was? Schon wieder?" Doch sind die Griesheimerinnen nicht auf den Mund gefallen. Und er kriegt zu hören: „Du qualmst von morgens bis abends wie ein Schlot! Und ich soll in alten Fetzen gehen!"

Die peinlichste Frage

Wie steht es in dem goldigen Frankfurt mit der Höflichkeit? Viele Fremde behaupten, damit sei es nicht weit her. Wer weiß allerdings, wie das in der Beziehung bei denen zu Hause aussieht? Außerdem: Wird denn Frankfurt von Frankfurtern bewohnt? Manchmal hat man den Eindruck, sie seien eine aussterbende Menschenrasse. Wer

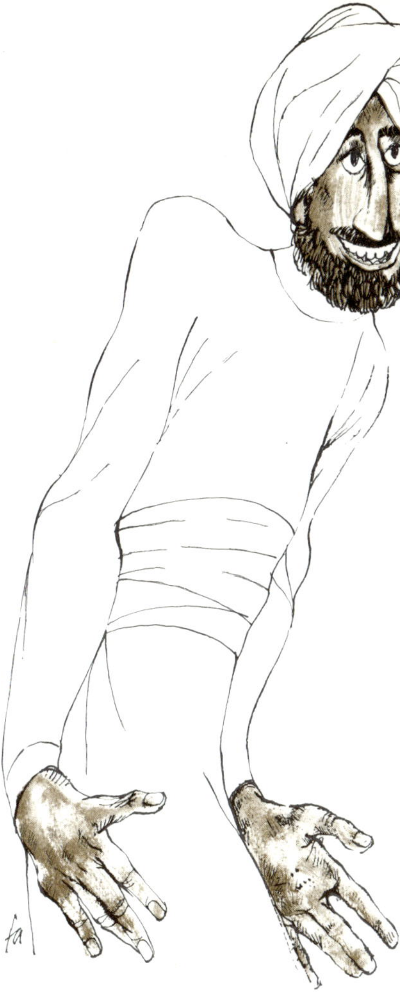

Mister, wo sein Freßgasse?

kann uns also dafür verantwortlich machen, was irgendein angereister Rüpel hier praktiziert?
Die alten Frankfurter konnten gar nicht unhöflich sein. Bei ihrem butterweichen Dialekt. Und den vielen französischen Wortbildungen. Wie Kommodche und Schawellche. Unsere Neubürger werden die liebenswerten Ausdrücke nie lernen. Vielleicht nie hören. Welch eine Überraschung also auf dem Börsenplatz! Da kam ein leibhaftiger Inder auf mich zu und erkundigte sich nach einer Straße. Ich nahm zuerst an, ich hätte mich verhört. Der Asiate suchte nämlich die „Freßgass“. Offenbar hatte er die Große Bockenheimer Straße nie anders nennen hören.

Oh, diese Jugend

Was ist nur mit denen los? Was denken die sich nur? So lauten die Klagen über die Frankfurter Jugend. Einiges erregt allerdings Bedenken. So die Sprache, die sich viele Knaben angewöhnt haben. Unterweltsjargon vermischt mit Westernslang. Mit fleißiger Verwendung des Wortes Scheiße. Das wird immerhin von Bühne und Bildschirm eifrig propagiert. Sicher werden die Fäkalien im Sprachgebrauch auch nicht nur bei uns in der Luft herumfliegen. Die Gattin eines Bremer Senators oder eine Nürnberger Pastorenfrau werden auch gelegentlich ihren Unmut damit ausdrücken.
Besonders die Jugend scheint gegen das vornehme Getue zu sein. So gegen den „Eiertanz“, der an offenen Türen aufgeführt wird. „Bitte sehr! Bitte nach Ihnen.“ Während beide denken: Will denn der Idiot nicht endlich Platz machen?

Nun ist es aber nicht als wohltuende Ehrlichkeit zu bezeichnen, wenn ein Jüngling einem älteren Herrn beim Einsteigen in den Bus einen Rippenstoß versetzt, daß der sozusagen von selbst bis zur nächsten Haltestelle kommt. Und es läßt sich auch schlecht mit Gegenwartsechtheit erklären, sobald ein junges Mädchen mit wehendem Pferdeschwanz im Nacken eine ältere Dame zur Seite schubst. Mit der philosophischen Begründung: Die alte Schraube soll mal ein bißchen langsamer tun. Die Bodycheckerin hat immerhin hinterher eine wichtige Verabredung mit einem Freund. In einer Diskothek. Darauf muß ja Rücksicht genommen werden. Meint sie. Das Glashaus ist bekanntlich nicht der richtige Ort, um mit Steinen zu werfen. Sollten sich manche von den Älteren sagen, die auf die Jungen das reinste Steinbombardement eröffnen. Wer hat eigentlich den Knaben vorexerziert, wofür die Ellenbogen besonders nützlich sind? Unter den Erwachsenen sind noch einige Stoßtruppler aus den Weltkriegen. Die haben Drahtverhaue hinweggeräumt. Dann werden sich auch entsprechend mit einem Heini fertig werden, der ihnen im Weg steht.

Es geht ans Herz, etwas gegen ältere Damen zu sagen. Mitunter kann man jedoch in Frankfurt beobachten, daß sie auch gut wissen, wie sie sich im Gedränge Luft machen. Von den Ausverkaufstagen gar nicht zu reden.

Wer keine höflichen jungen Leute bei uns sieht, ist entweder blind oder böswillig. Wenn sie zuvorkommend sind, sind sie es sogar vollendet. Mit eleganter Pose. Offenbar tut es vielen jungen Mädchen wohl, sich wie eine Dame zu benehmen. Und auch die jungen Männer spielen gern den Gent, um ja nicht für Rabauken gehalten zu werden.

Mit Handkanten und Leberhaken

Das Goldige Wort

Gemeint ist: Pardon. Die Frankfurter sprechen es so schön aus. Nicht „pardong" wie die Norddeutschen. Das tut dem Ohr weh. In Altfrankfurt sagten es die Marktfrauen und die Anstandsdamen. Besonders, sobald man einem anderen auf drei Schritte nahe kam. So daß er Angst haben konnte, man würde ihm auf die Zehen treten.

Bei einer Unterhaltung mit einer Dame bekam das Pardon eine zärtliche Färbung. Ein Herr konnte es auch zu seiner Entschuldigung benutzen, wenn er in Sachen Annäherungsversuch ein bißchen zu weit gegangen war. Er machte dann am besten das dümmste Gesicht der Welt dazu. Und durfte auf Verzeihung hoffen. Pardon pflegte erste schüchterne Liebeserklärungen zu begleiten. Verbunden mit einem werbenden Schmachtblick. Wie umständlich, werden die Draufgänger von heute behaupten. „Na, wie wär's Zuckerpuppe?" Damit ist doch alles gesagt. Und es ist weniger verlogen. Doch mit charmanten Lügen lebt es sich schöner.

Man hört es immer weniger in Frankfurt. Das pardon. Manchmal flattert es durch die Luft wie ein fremder Vogel. Dann möchte man die Person, von der es kommt, am liebsten ausfragen. Sind Sie in Frankfurt geboren? Haben Sie das von Ihren Eltern? Und ähnliches dummes Zeug. Pardon! Es ist wie eine Blume, die auf einem Trümmergrundstück übriggeblieben ist. Doch selbst Trümmergrundstücke gibt es ja kaum noch. Wenn es eine ältere Dame sagt, rollt gleich ein ganzer Bildstreifen ab. Tänzerinnen, die Angst hatten, man würde ihnen vorm Ball auf die Rockschleppe treten. Herren in weißen Glacéhandschuhen, die befürchten mußten, die Dinger würden ihnen das Blut abschnüren. Gartenfeste in einer Villa in der Bockenheimer Landstraße. Wo jene Kavaliere anzutreffen waren, die auch pardon sagten, wenn sie ihrem Hund auf die Pfoten traten.

Die Tage der Weltweisen

Schauen wir uns einmal bei den Jüngsten um. Zum Beispiel in der U-Bahn. Wo mitunter irgendein Knabe gleich zwei Plätze braucht. Einen zum Sitzen und einen für die Füße. Die Leute regen sich darüber nicht auf. Das überlassen sie dem, der sich dann mit einer hellen Hose auf den schmutzigen Platz setzt. Nur ein alter Mann meint, dem Läusert müsse man den Hinnern versohlen. Anscheinend ein rückständiger Krakeeler.
Die alten Frankfurter hatten offenbar keine Ahnung von Erziehung. Sie wollten das mit dem gesunden Menschenverstand machen. Das bringen die heutigen Verhaltensforscher viel besser hin. Die beweisen sogar, wie konsequent sich der U-Bahn-Lümmel benimmt. Was haben seine Eltern alles verbrochen? Ihm schon in der Kindheit persönlichkeitsfremdes Unrecht zugefügt. Auf einen nüchternen weißen Porzellantopf haben sie ihn gesetzt. Hätte er seine Notdurft auf einem zartrosaroten Töpfchen verrichten dürfen, wäre etwas anderes aus ihm geworden.
Es gab Zeiten, da sagten die Frankfurter Kinder Sie zu ihren Eltern. Unanständig, möchte man meinen. Allerdings pflegten die frustrierten jungen Menschen keine Bandendiebstähle zu begehen. Sie schossen auch nicht auf fremde Leute wie auf Hasen bei der Treibjagd. Ähnliches tun die Verhaltenserforschten jedenfalls in der

glorreichen Ära der Verhaltensforscher. Wenn sie zu ihrem „Alten“ nicht gerade „Sie“ sagen sollen, so doch nicht bei jeder Gelegenheit „Alter Idiot“.

Musterkinder

Es gibt auch eine Sorte von jungen Frankfurtern, die keinen Wert darauf legen, für Rowdies gehalten zu werden. Auch die Umgangsformen von Slumbewohnern scheinen ihnen nicht erstrebenswert. Ob diese wohlerzogenen jungen Leute unter ihren Vorfahren einen herrschaftlichen Diener bei den Rothschilds hatten? Warum so weit suchen? Auch eine Kriegerswitwe aus Sossenheim kann aus ihrem Söhnchen einen manierlichen Menschen gemacht haben. In Frankfurt herrschte ja nie Kastengeist. Schon weil sich jeder wie ein Fürst vorkam. Nur von den „Fuldern“ wollte man nicht viel wissen. Das waren Leute, die aus der Richtung Fulda mit der Bebrabahn kamen. Und bis in die Gegend Fulda war der Knigge nach Ansicht der Frankfurter noch nicht vorgedrungen. In den Jahren, da die Frankfurter am Hungertuch nagten, änderten sie ihre Ansicht über die Fulder. Die brachten in ihren Körbchen Dinge mit, die den Frankfurtern damals wie Märchen vorkamen. Da durften sie auch mal die Schuhe auf den Tisch legen, was die übrigens nicht taten.

Ein artiges junges Mädchen kann mitunter eine ausgesprochen peinliche Szene heraufbeschwören. Wie sich im Bus nach Gravenbruch herausstellte. Beteiligt an dem Vorfall war außer der Kleinen der berühmte Herr mit den grauen Schläfen. Ein Herzensbrecher in Pension. Er selbst war offenbar noch nicht davon überzeugt, daß

Es geht nichts über Bequemlichkeit

seine hemmungslose Attraktivität nachgelassen habe. Trotz des Doppelkinns und der störenden Fältchen. Sonst würde ja das reizende Mädchen, das im gleichen Wagen saß, ihn nicht unverwandt angeschaut haben. Kein Wunder, daß er sich mit Würde heranschlängelte. Nun gibt es aber Situationen, in denen eines Mannes Beine streiken. Eine solche überkam unseren graumelierten Kavalier. Die Kleine sagte nämlich höchst artig: „Darf ich Ihnen meinen Platz anbieten?“ Jetzt zeigte unser Freund allerdings, daß er einer von der alten Schule war. Er dachte nicht daran, sich zu setzen. Sondern entgegnete mit einem charmanten Lächeln, er müsse an der nächsten Station aussteigen. Die lag unglücklicherweise im Wald. Aber lieber marschieren, als von einem so zauberhaften Mädchen ein Almosen annehmen. Und im stillen Revier der Bäume hatte unser Marschierer auch Gelegenheit, über eine entschwundene Pracht nachzudenken. Er war auch großzügig genug, sein Erlebnis einem Freund zu beichten und dessen schallendes Gelächter hinzunehmen. Sonst hätte sie hier nicht erzählt werden können ...

Peinliche Demaskierung

Auch hier war die Höflichkeit an allem schuld. Sie gebietet, daß man in einem Lift in Gegenwart eines weiblichen Wesens den Hut abnimmt. Sagen wir lieber: Sie gebot. Erstens trägt man keine Hüte mehr. Und zweitens hat man im Aufzug ganz andere Gedanken im Kopf. Man fährt ja hinauf, um möglichst in jeder Etage Geschäfte zu machen.

Nun wurde ich aber in einem Hochhaus am Opernplatz Zeuge einer Szene, bei der das Hutlüften eine entschei-

dende Rolle spielte. Drei Personen im Lift. Eine hübsche Frau, ein weniger hübscher Mann und ich. Ich trug einen Hut, weil man mich ohne eine solchen kaum erkennen würde. Der Mitfahrer hatte auch einen aufsitzen. Eine Überraschung. Denn in Frankfurt fällt der Turban eines Nahostmenschen weniger auf als beispielsweise ein Homburg. Allein das Rätsel war bald gelöst.
Ich nahm ordnungsgemäß meine Kopfbedeckung ab. Der zweite Mann tat das gleiche, warf mir aber einen mißbilligenden Blick zu. Er hatte auch alle Ursache dafür. Es gibt Kahlköpfe in allen Größen und Nuancen. Was bei unserem Liftbegleiter zum Vorschein kam, war offenbar durch eine Rekordleistung an Haarausfall zustande gekommen. Ein kahlgeschorener Galeerensträfling muß im Vergleich mit ihm ein hübsches Wuschelköpfchen gewesen sein. Seine Chancen sanken auf null.

Nobler Dulder

Es gibt eine Höflichkeit, die prämiiert werden sollte. Sie ist auch zu Opfern bereit. Es geschah an einer Rolltreppe der U-Bahnstation Eschenheimer Turm. Sie funktionierte. Rolltreppengeschädigte werden sagen: Ein Glücksfall, wenn man nicht klettern muß. Doch einer Frau mit einem Kinderwagen war damit nicht geholfen. Wie sollte sie hinaufkommen? Sagten ihre hilfesuchenden Blicke. Nun mobilisieren Kinderwagen aber automatisch Männer, die wissen, was sich gehört. Der Fall hatte allerdings seine Tücken. Die Mama war kohlschwarz. Nicht, daß dieser Umstand die Galanterie der Männer beeinflußt hätte. Das Malheur lag woanders, wie gezeigt werden soll. Im Wagen.

Es fand sich sogleich ein Mann, der den Wagen kurz entschlossen an den Hinterrädern packte. Und der Transport verlief auch reibungslos. Allerdings kamen Leute vorbei, die neugierig in den Wagen hineinschauten. Sie entdeckten ein Baby, das ebenfalls kohlschwarz war. Natürlich hielten sie den hilfsbereiten Frankfurter für den Vater. Und machten sich ihre Gedanken zu dem Fall. Nach biologischen Gesetzen mußte der Inhalt des Wagens eine hellere Hautfarbe haben. Ob da nicht ein dunkler Rassengenosse mitgemischt hatte? Unserem Rolltreppenritter gingen solche Bedenken sicher nicht durch den Kopf. Und wenn! Es hätte ihm nichts ausgemacht.

Schmaler Prüfstein des Anstandes

Frankfurt, so sagen manche Leute, ist keine Stadt mehr. Sondern eine Baustelle mit zivilisatorischen Beigaben. Doch das hat mitunter sein Gutes. Es kann zum Prüfstein für die Höflichkeit werden. Das war zum Beispiel im Grüneburgweg der Fall. Dort wurde von den Bauwütigen der Bürgersteig so demoliert, daß den Fußgängern lediglich eine schmale Gasse blieb. Nur geübte Seiltänzer konnten sich mühelos vorwärtsbewegen. Das aber gab Anlaß zu sachdienlichen Beobachtungen. Da sich der Marschierer sozusagen nur auf einem Wildpfad bewegen konnte, war es nicht geraten, einem rabiaten Straßenbenutzer in die Quere zu kommen. Wer hätte denn Lust, in einer Baugrube zu landen? Es gab in dieser Berg-und-Tal-Landschaft immerhin auch erfreuliche Bilder. So blieb ein Herr überaus artig stehen, als ihm eine Frau auf dem „schmalen Handtuch" entgegenkam. Er machte eine Verbeugung, als ob er sie zum Tanz engagieren wollte. „Bitte nach Ihnen, meine Gnädige!“ Sie antwortete mit einem koketten Kopfnicken und setzte sich in Bewegung. Es war rührend zeitfremd. Szenen aus einer besseren Welt. Klingt anmaßend. Die Stoppuhrmenschen stolperten allerdings ungerührt vorbei.

Und weiter: Ein junges Mädchen vollführte einen Knicks, als sie einen älteren Herrn daherbalancieren sah. Weiß der Himmel, wo sie den gelernt hatte. Eine solche Höflichkeitsgeste ist alles andere als up to date. Der so reizvoll Aufgeforderte wurde verlegen. Das war mehr, als er in seinen antiquierten Träumen erwarten durfte. Soviel durfte man wenigstens am Grüneburgweg behaupten: Frankfurt ist nicht gerade eine Goldgräbersiedlung.

Der absolute Beweis

Den können nur die Automobilisten erbringen. Ihre Unhöflichkeit verschafft den Leuten ja oft genug eine Freifahrt im Krankenwagen. Nun ist Frankfurt eine besondere Autolandschaft. Wenn die Wagen fliegen könnten, wäre auch nicht viel geholfen. Es würde in der Luft Zusammenstöße geben. Es wird indes alles auf die Straßen geschoben. Die reichen doch aus. Nur die Häuser, die Pfosten, die Vorgartenzäune sind im Weg.

Lassen wir den Frankfurter Fahrern Gerechtigkeit widerfahren! Sie werden ewig von einem Alptraum geplagt. Wie ihn jeder Mensch im Schlaf einmal hat. Er rennt im Hemd durch die Stadt und weiß nicht, wohin. Das wissen auch die Frankfurter Autofahrer oft nicht. Wo um alle Welt parken? So alpträumen sie und sind daher permanent gereizt.

Über alles wächst Gras

Sind es übrigens nur Frankfurter Wagen, die Ärgernis erregen? Wenn einer die Vilbeler Straße mit dem Nürburgring verwechselt, schauen die vor ihm Flüchtenden in ihrem Schrecken selten auf die Nummer. Das Berserkerstück wird dann Frankfurtern angekreidet.

Nicht wenige Fahrer scheinen den Fußgänger für eine überflüssige Art von Lebewesen zu halten. Vergleichbar dem Blinddarm, von dem man auch nicht recht weiß, wozu er da ist. Der höchstens Ärger bereitet. Immerhin finanzieren die Bodengänger die Autostraßen. Man sollte sie also nicht ganz ausrotten.

Die auf den Zebrastreifen besitzen eine Genugtuung. Auch in Frankfurt haben die Herren am Volant keine hohe Meinung voneinander. Mit der sattsam bekannten Geste zur Schläfe empfehlen sie sich gegenseitig einen tüchtigen Irrenarzt.

Der soziale Friede soll auf keinen Fall gestört werden. Daher sei festgestellt, daß der Preis des Wagens auf das Benehmen des Fahrers im allgemeinen wenig Einfluß hat. Nicht nur manche Rolls-Royce-Besitzer zählen die Fußgänger zur Umweltverschmutzung. Auch die Ratenabstotterer im Besitz von Kleinwagen sind nicht selten der Ansicht, daß ihnen die Nutzung der Straße vorbehalten sei. Ganz abgesehen davon, daß sie mitunter ihr bescheidenes Blechgebilde als einen Panzerwagen betrachten, der sich vor keinem Zusammenstoß zu fürchten hat.

Mahnende Vergangenheit

Den motorisierten Zugereisten soll nicht zu viel in die Schuhe geschoben werden. Auch mancher Einheimische hält es für eine sportliche Leistung, gelegentlich einen

Polizisten auf den Kühler zu nehmen. Wobei er den Vorteil hat, daß dieser die Wagennummer nur schwer erkennen kann. Auf jeden Fall ist es aber nicht so, als würde auf den Frankfurter Straßen eine rauhe Materialschlacht toben. Das würde auch der stolzen Tradition des Frankfurter Autosports nicht entsprechen.

In Frankfurt wurde der erste deutsche Automobilklub gegründet. Wildgewordene Snobs, so nannten die ewig Gestrigen die Gründer. Und fürchteten, für Leib und Leben der Frankfurter seien in Zukunft Grenzen gesetzt. Die Autorenner selbst kamen sich wie Missionare vor. Wie Künder einer neuen und besseren Zeit. Da sie sich für eine Noblesse hielten, herrschte auch Gesittung unter ihnen. Ritterlichkeit.

Noch leben einige, die in dem alten Töff-Töff-Geist erzogen worden sind. Wie mag es dieser ehrwürdigen Volant-Garde manchmal ums Herz sein? Wenn einer der ihren hören muß, daß Fahrer teurer Wagen in einem Ton disputieren, der selbst in einer Seemannskneipe als saugrob bezeichnet würde.

Wir greifen aus der alten Garde einen für alle heraus. Einen echten Frankfurter. Fritz Koch, Jahrgang 1901. Er hätte seine Karriere als Automobilist sicher schon früher begonnen, wenn sein Kinderwagen einen Motor gehabt hätte. So mußte er bis in die zwanziger Jahre warten, um an Autowettbewerben, Sternfahrten und Bergprüfungen teilzunehmen. Vordem hatte er eine recht heikle Bekanntschaft mit dem Motor gemacht. Als Flieger im ersten Weltkrieg. Der Feind war da nahezu harmlos, verglichen mit den vorsintflutlichen Flugzeugen. Koch machte auch die Bruchlandung, als die man den zweiten Weltkrieg bezeichnen kann, mit. Immerhin gab es hinterher viel aufzubauen, und Fritz Koch war der richtige Mann hierfür. Er verhalf dem Frankfurter Automobilklub zu neuem Leben. Das machte er gründlich. Nicht vom Tisch aus. Er fuhr die Rennstrecken ab. Er betreute Autoturniere und Rallyes. Ein Meisterstück vollbrachte er bei einem Jubiläum. Es handelte sich um die Erinnerung an das Gordon-Benett-Rennen, das 1904 von den Frankfurtern ausgerichtet worden war. Die Regie mußte mit größter Behutsamkeit gemacht werden. Zur Feier des Tages waren nämlich auch die Veteranen des Kaiserlichen Automobilklubs aufmarschiert. Imponierende Denkmalfiguren. Fritz Koch wurde mit allem fertig.

Gedenkstätte

Seine stillen Stunden verbringt Fritz Koch in seinem Haus im Vortaunus. Doch dort geistert auch der Takt des Motors durch die Stille. Vom Keller aus. Da hängen Fotos von Wagen und erfolgreichen Fahrern und Fahrerinnen. Von Schönheitskonkurrenzen. Schönheitswettbewerben von Autos, wiewohl die dazu gehörigen Damen auch nicht zu verachten waren. Das alles liegt ein bißchen fern, umgeben von einem zeitfremden Glanz. Einer verschwundenen Galanterie. Die Modelle von damals fordern sogar zu einem Lächeln heraus. Doch was nutzen die brillantesten Konstruktionen, wenn ein Rabauke am Lenkrad sitzt. So daß man das noble Auto nur bedauern kann, das ihm unter die Finger geraten ist.
Aber es gibt ja in Frankfurt nicht nur Sünder auf vier Rädern. Die Menschen unterscheiden sich von Autos bekanntlich dadurch, daß sie nicht vom laufenden Band kommen. Man trifft daher auch überaus gesittete Herren

Benzinadel

am Volant. Von den motorisierten Ladies nicht zu reden. Und so finden sich auch genügend Beweise dafür, daß die Gordon-Benett-Herrlichkeit nicht einfach dahin ist. Immer wieder sehen wir auf Frankfurts Straßen Fahrer eine Geste machen, die man das Gegenteil vom Tippen an die Stirn nennen möchte. Sie bedeutet die freundliche Einladung an den Fußgänger, ungeniert über die Straße zu spazieren. Und ist gleichzeitig eine Ehrenerklärung für ihn. So daß er sich doch nicht ganz als Mensch zweiter Klasse vorkommt. Mitunter ist die Höflichkeit mit einer klassischen Geste verbunden. In der Berliner Straße bremste ein Fahrer und ließ den Wagen sanft weiterrollen, wiewohl eine Frau, die über die Straße wollte, noch dreißig Meter entfernt war. Die Fußgängerin war alt, der Fahrer jung.

Vielleicht ist die Galanterie am Volant nicht ausschließlich von Edelmut diktiert. Ich beobachtete einen jungen Mann in der Myliusstraße. Er ließ einen Passanten nach dem anderen über die Straße gehen. Und sah dabei sehr stolz aus. An seiner Seite saß allerdings ein junges Mädchen. Die sollte wohl ihren Freundinnen erzählen, was sie sich geangelt hatte. Einen wahren Kavalier am Steuer.

Eine andere Szene ließ eine ähnliche Auslegung zu, die aber alles andere als abfällig gemeint ist. Man kann sogar gut verstehen, wie sich der ältere Herr benahm, der am Heinerweg eine süße Puppe auflud, die nervös auf den Bus gewartet hatte. Auch er erwies sich mit Vorbedacht als Ritter vom Volant. Die Kleine mußte ja Vertrauen zu ihm bekommen. Zu einem Mann, der weiß, was sich gehört. Damit sie nicht erschrickt, wenn er sie später zu einer Tasse Tee einlädt. Bei ihm zu Hause, wo er zauberhafte Schallplatten hat.

Der Mayonnaisenkrieg

Die Gesellschaft ist tot, es lebe die Society. Und ihre Rekordmeetings im Stehen, die Partys. Die neue Oberschicht hat nicht mit allem gebrochen. Ein paar alte Frankfurter Namen trifft man immer noch in der Wohlstandsgesellschaft an. Sogar solche, die in den Folianten des Stadtarchivs zu finden sind. Das Hauptkontingent bilden allerdings die vom Wirtschaftswunder mit Wohltaten Überhäuften. Auf Gelehrte und Künstler kann man natürlich schlecht verzichten. Einige Vertreter der wohldotierten Runde halten solche Leute allerdings für bessere Hofnarren. Aber schließlich hatten ja selbst Könige zu solchen Spaßmachern ein freundliches Verhältnis. Warum soll man ihnen mit einem Cocktail nicht einmal prost wünschen? Neben diesen mehr oder weniger komischen Heiligen sind auch veritable Schriftsteller vertreten. Sie werden absolut geschätzt, soweit sie die Anwesenden nicht mit Fragen in Verlegenheit bringen. Wie: Was halten Sie eigentlich von meinen Büchern? Die gelangweilten Herumsteher haben diese Bücher nie zu Gesicht bekommen. Vorsicht mit Journalisten. Sie werden gern toleriert. Sie haben allerdings eine lästige Angewohnheit. Sie verfertigen von besonders spektakulären Partys gern Milieuschilderungen an. Darin wird viel Rühmenswertes gesagt, aber ein bißchen Gift kann auch zwischen die Zeilen geraten. Diese Schreiber rücken außerdem oft genug mit Fotoreportern an. Die aufschlußreiche Aufnahmen schießen. Zum Beispiel von den Vorgängen am Kalten Buffet. Die Mayonnaisenschlacht, die da ausgetragen wird, ist meist der Höhepunkt des Ganzen. Und davon Momentaufnahmen? Auch Generaldirektoren und ihre goldüberladenen Gattinnen dürften sich bei einer solchen Fütterung nicht vorteilhaft ausnehmen. Ganz abgesehen davon, daß ein entsprechendes Foto in der Zeitung den Neid der notorischen Kartoffelsuppenesser erregen könnte.

Die teuflischen Kalorien

Eine Monsterauswahl von Leckerbissen gehört nun einmal dazu. Auch die verwöhntesten Partygäste wissen sie zu schätzen. Nicht daß sie hungrig wären. Es kitzelt sie erst im Gaumen, wenn sie hören, was die Chose kostet. Bei einem solchen Aufwand muß man ja ein bißchen „hinlangen". Mit entsprechender Reserve. Man wird sich ja nicht gerade auf die Köstlichkeiten stürzen, als hätte man zu diesem Zweck vorher drei Tage gehungert. Aber auch vor dem noblen Kalten Buffet macht der Geist der Zeiten nicht halt. Wegdrängen ist nicht drin. Und am wenigsten von diesem Riesenbaby. Diese kugelrunde Person hat wohl lang nicht auf einer Waage gestanden. Sonst hätte sie sich von dem Hummer nicht so viel auf den Teller geladen, als würde diese Krebsart nächstens aus den Weltmeeren verschwinden.
Die Gäste kommen mit den besten Vorsätzen. Diesmal lassen sie sich nicht verführen. Und wenn die berühmten Gastmähler des Lukullus eine Armeleutspeisung im Vergleich damit waren, was hier geboten werden sollte. Es bleibt indes bei dem frommen Schwur. Mag der Hausarzt auch quatschen, was er will. Dieser Ignorant weiß nicht, wie eine raffiniert zubereitete Wildpastete schmeckt, wenn er von Leberschäden faselt. Da kann es auch einmal zu einem Rippenstoß zwischen zwei Interessenten kommen. Man entschuldigt sich. Doch beim

zarten Salm geht die gute Erziehung endgültig flöten. Wohlgeformte, mit einigen Karat beschwerte Hände fassen nach einer Delikatesse, von der die Besitzerin vorher noch nie ein Wort gehört hat. Schließlich fördert ein Kaltes Buffet auch die Bildung. Ein Crepe suzette darf man sich hinterher auch noch leisten. „Zum Abgewöhnen", meint ein massiger Herr lustig. Und der gleichen Ansicht ist eine Dame, deren Rundungen dort sind, wo sie nicht zu den weiblichen Reizen gehören. Sie sagt, dann solle ihre Masseuse eben ein bißchen mehr schwitzen. Wenn der Tisch so gut wie leer ist, stellt man sich wieder auf Society um.

Ob es die vornehmen Frankfurter früher auch so trieben? Sie waren keine Kostverächter. Ihre umfangreichen Speisezettel beweisen das. Auf ein paar Gänge mehr oder weniger kam es dabei nicht an. Doch wenn die Passavants und d'Orvilles zum Picknick in den Stadtwald fuhren, veranstalteten sie wohl keine Gelage. Das wäre ihnen vor ihren Dienern peinlich gewesen.

An bescheidenen Tischen

Die meisten Frankfurter kennen überdimensionale Kalte Buffets nur vom Hörensagen. Oder vom Film. Wo, und das besonders auf deutschen Bildstreifen, die Lebensgewohnheiten feiner Leute so dargestellt werden, wie sie sich der kleine Moritz denkt. Bei den Klein- und Mittelverdienern herrscht immer noch ein bißchen Bescheidenheit. Sie freuen sich königlich über den Streuselkuchen, den sie bei einer Einladung zum Kaffee bekommen. Falls gar die Gastgeberin betont hat, sie hätte ihn selbst gebacken. Und wehe wenn der Ehemann, dem es drau-

Zweimal Bratwurst im Stehen

ßen immer besonders gut schmeckt, zum dritten Stück greift. Der strafende Blick seiner Frau läßt ihm die Hand erstarren. Und zu Hause kriegt er es zu hören: „Mit dir kann man nicht zu fremden Leuten gehen. Du tust, als würde ich dich verhungern lassen.“ Aber das alles macht das Leben in den Mietshäusern im Ostend oder in Eckenheim so goldig. Und überall in Frankfurt, wo man noch das Glück in kleinen Portionen verzehrt. Und das mit einer Dankbarkeit, über die sich die Welt nur lustig machen kann. Doch einen Vorteil haben diese schlichten Streuselkuchenesser vor den Konsumenten von grandiosen Kalten Buffets. Sie werden jene kalorienreichen Tische nicht zum Teufel wünschen, wenn sie einmal zum Onkel Doktor gehen. Der wird vielleicht einen kleinen Bandschaden bei ihnen feststellen, aber keinen alarmierenden Zucker. Wie bei den Genießern exquisiter Pasteten und Saucen.

Das geht an die Ehre

Alles dürfen Sie den Frankfurtern vorwerfen. Aber sprechen Sie ihnen nicht die Gemütlichkeit ab. Sonst werden sie ungemütlich. Bilder von alten Frankfurtern scheinen auch zu beweisen, daß Gemütlichkeit ihre Nationaltugend ist. Wie stillvergnügt die dreinblicken. Als würde sich sogar die Erde viel zu rasch für sie drehen.

Das Wort Gemütlichkeit nimmt man heute am besten nicht in den Mund. Sonst kommt es den Leuten vor, als würde man von den Nippessachen auf Tante Friedas Kommode reden. Zur Gemütlichkeit gehört nämlich Zeit. Und die ist ein rarer Artikel. Wie aber, wenn uns der Computer einmal völlig an die Wand gedrückt hat?

Dann verfügen wir höchstwahrscheinlich über so viel Zeit, daß wir ein Grauen davor kriegen.
Man soll mit Gemütsruhe essen. Wie oft haben wir das von der Mutter gehört. Außerdem ist es eine Barbarei, die Nahrung hinunterzuwürgen. Vor der auch die Ärzte warnen. Die Herren leben allerdings wohl noch in den Zeiten, da die Frankfurter Handwerker in der Altstadt geruhsam zum Frühstück gingen. Bis sie mit ihrer Fleischwurst fertig waren, hatte die Domglocke einige Male geläutet. Inzwischen sind allerdings viele Menschen zur Einsicht gekommen, daß beim Essen nicht viel zu verdienen ist. Also hinunter damit. Es gibt ja auch in Frankfurt genug Espressos, Quicks, Schnellimbißläden und andere Dorados für Rekordnahrungsvertilger. Dort hat man sich nicht mit einem lahmen „Kollege-kommt-gleich-Bediener" herumzuärgern. Es steht alles groß auf Plakaten an der Wand. Nicht wie in Restaurants, in die man diverse Wörterbücher mitbringen muß, um erst einmal die Speisekarte zu entziffern. So meinen jedenfalls Leute, die das Essen für einen rein mechanischen Vorgang halten, bei dem man sich in Eile den Magen vollstopft.

Genuss im Stehen

Manche Leute scheinen es als besonders lästig zu empfinden, im Sitzen essen zu müssen. Eine Höchstleistung im „Aus-dem-Stand-Speisen" vollbrachte einer unserer Mitbürger in der Nachtrümmerzeit. In einem schlauchähnlichen Lokal in Bahnhofsnähe. Für einen Eingang hatte es dort noch nicht gereicht. Das „Restaurant" war nach der Straße hin durch einen Vorhang getrennt.

Durch den drang ein eiskalter Wind herein, denn es war Winter. Unseren Gast schien das keineswegs zu stören. Er stellte bei seinem Dinner nur den Mantelkragen hoch. Ich hatte als Zuschauer eine erschreckende Vision von der Zukunft der Menschen. Sie werden es wohl immer mehr den Zynikern gleichtun. Die besorgten auf der Straße allerdings noch andere Dinge als die Nahrungsaufnahme.

In Frankfurt ist auch auf der Straße der Tisch reichlich gedeckt. Mit Bratwurstbuden und ähnlichen Freiluftgaststätten. Gegessen wird aus der Faust, aus der „la main", wie die Gebildeten zu sagen pflegten. Aber bitte keine Scheinheiligkeit. Wie war es denn an der Schirn? Standen da etwa Klubsessel? Jeder futterte im Stehen. Wer sich dafür zu „foin" vorgekommen wäre, hätte sich lächerlich gemacht.

Überall auch motorisierte Snack-Points, oder wie sie heißen mögen. Ihr Schlager: Pommes frites aus der Tüte. Oft ist es zu den Kleinstlokalen dieser Art vom Geschäft oder Betrieb aus nur ein Sprung. Und es ist mal was anderes als in der Werkskantine. Sozusagen schick.

Sagenhafte Portionen

Es gibt noch genug Frankfurter, für die mag die Welt untergehen, wenn es sich ums Essen dreht. Nichts kann sie stören. Ihnen schmeckt es jedenfalls besser, sobald sie die Beine unter einen Tisch strecken können. Am liebsten würden sie bei einem guten Rippchen auch noch die Ellenbogen auf den Tisch legen, aber das schickt sich nun einmal nicht, wie man in Frankfurt sagt.

Die Behaglichesser wissen, wo sie gut aufgehoben sind.

Kinder freßt — die Preise steigen!

Die Adressen tauschen sie untereinander aus, als würden sie ein kostbares Geheimnis verraten. „Nur ein Stück in den Taunus müssen Sie fahren. Und Portionen gibt es da. Sagenhaft." Manche von diesen Lokalen, in denen es überdimensionale Steaks gibt, waren einmal bescheidene Bauernwirtschaften. Dann kam die sogenannte Freßwelle. Der Besuch aus Frankfurt stieg. Es mußte angebaut werden. Mit berechtigter Erwartung fährt man zu den Fleischtöpfen auf das Land. Nur findet man unterwegs kein Land. Sondern Hochhäuser fast wie am Opernplatz. Doch die Wirtschaft mit dem gemütlichen Garten ist noch recht idyllisch. Im Sommer zieht der Vater den Rock aus. Wie zur Schwerarbeit. Als ob es was anderes wäre. Bei den Riesenportionen. Die Warnungen der Gattin verpuffen. „Schatz, iß nicht so viel, du hast die letzte Hose an, die dir noch paßt." Den Gatten aber interessiert die letzte Hose nicht, nur die Hirschkeule mit Klößen. Die Mutter hat übrigens gar keinen Grund, große Reden zu halten. Sie „haut" auch „kräftig hinein". Der Nachwuchs nicht minder. Die Kleinen erinnern sowieso an die Nilpferdkinder im Zoo. Und doch fährt man zufrieden heim. An irgendeiner Schnellgaststätte vorbei. Der Vater meint, die Läden könnten ihm gestohlen bleiben. Sie würden das Schönste auf der Welt verderben.

Die gute Stube

Sie gibt es in allen Stadtvierteln. Gemeint ist damit ein Lokal, von dem die Anwohner sagen: Das ist unsere Wirtschaft. Als würden sie von ihrer Wohnstube reden. Diese Kneipen sind auch ein Stück goldiges Frankfurt.

Sie haben so etwas betont Freundliches. Und nichts von einem Wartesaal wie manche andere. Sie heißen Stübchen oder Klause. Oft in Verbindung mit dem Namen ihrer Straße.
Der Gast hat das Gefühl, daß man gerade auf ihn gewartet hat. Daß man will, er soll stundenlang dasitzen, auch wenn er nicht immer wieder etwas bestellt. In manchen Frankfurter Gaststätten muß man dagegen annehmen, daß man damit dem Gasthalter auf die Nerven geht. Und dem Herrn Ober erst recht. Moderne Sachlichkeit. Warum gibt man beim Betreten des Lokals nicht gleich die Brieftasche ab? Das wäre doch viel einfacher. Wie herrlich war man vor fünfzig Jahren noch beim Heyland auf dem Römerberg aufgehoben, um nur ein Beispiel zu nennen. Wer davon berichtet, muß sich gefallen lassen, daß er als lächerlicher Märchenerzähler abgetan wird.
In der Eckwirtschaft verkehren meist Stammgäste. Es kommen auch Fremde. Lastkraftwagenfahrer, die unterwegs Durst auf eine Cola bekommen haben. Vertreter, die sich den halben Tag umsonst in der Stadt abplagen mußten. Wenn die zweimal da sind, kennt sich der Wirt schon mit ihnen aus. Und seine Frau erst recht. Von den Stammkunden wissen die zwei so gut wie alles. Der kommt vom Dienst und trinkt noch ein Glas, bis er heimgeht, wo er haarklein berichten muß, was es im Büro gegeben hat. Besonders den Ärger mit dem Chef. Davor graut ihm ein wenig. Also vorher noch einen Schnaps. Und den Rentner zieht es noch weniger in seine Mansarde mit den scheußlichen Tapeten. Der möchte am liebsten die ganze Nacht da sitzen bleiben.

Immer die rechten Worte für die Gäste finden, darauf kommt es an. Die einen haben im Toto gewonnen. Und so braven Leuten muß man das ja gönnen. Einer anderen Familie ist die Tochter durchgebrannt. Mit einem, der im Hauptwachentunnel gesungen hat. „Die wird schon wiederkommen." Von dem, was die Leute dem in den Hut werfen, können die zwei ja nicht leben. Gratulieren muß man natürlich zur Hochzeit der Ältesten. Was Frau Wirtin nicht sagt: Es war ja auch Zeit. Was nutzt die Pille, wenn man sie nicht bei sich hat.

Gewohnheitsgast ist der Mann mit dem Hund. Seine Bekannten behaupten, er würde seinem Schnauzer immer ähnlicher sehen. Einen Hund muß man jedenfalls haben, wenn man mal aus der Wohnung verschwinden will. Ganz beiläufig: „Ich führe ihn nur mal auf die Straße." Schnauzer sind keine dumme Rasse. Der Hund bleibt vor der Eckwirtschaft stehen. Also mal rein auf ein Bierchen. Aus dem einen werden drei und vier. Auch im Frankfurter Nordend gibt es boshafte Leute. Die steckten eines Abends dem Schnauzer einen Bierdeckel ins Maul. Mit dem trabte er nach Hause zu Frauchen. Sein Herr kneipte ahnungslos weiter. Und von dem Tag an war es klar, was es mit dem Gäßchengehen auf sich hatte. Es kommen auch junge Leute. Denen imponiert es, zwischen den Alten vor dem Schanktisch zu stehen. Sie riskieren auch oft genug einen großen Ton. Ungefähr so: „Nehmen Sie mir's nicht übel, Opa, davon haben Sie keinen Dunst." Besonders während der Fußballmeisterschaftsspiele geht es hitzig zu. Da sind die Opas meist wirklich gereizt. Alle wollen einmal in der Eintracht gespielt haben. Wenn dem so wäre, hätte die

Wau — wau — der hat ja auch so'n Bart

hundert Mannschaften haben müssen. Der Wirt beschwichtigt.
Junge Pärchen sind auch da. Sie hat eben ein helles Köpfchen. Soll sie mit ihm in einen Nightclub gehen. Daß sich irgendeine Biene an ihren Schorsch heranmacht. In der Eckwirtschaft ist es außerdem billig. Man muß ja weiterdenken. Sogar schon an die Möbel! Wenn er auch noch keinen „Pieps“ gesagt hat, wie er sich die Zukunft vorstellt.

Die Bar des kleinen Mannes

So kann man sie nennen, die Frankfurter Trinkhallen. Man darf sie nicht mit den Bratwurstständen verwechseln, wo man ißt, sich die Finger abwischt und macht, daß man weiterkommt. Hier ist man Gast, wenn auch nur für Minuten. Meist für länger sogar.
Überall sind diese Trinkhäuschen aufgetaucht, oft an den Haltestellen von Bus und Straßenbahn. Dort fangen sie manchen auf, der aussteigt. Wer von der Schwerarbeit kommt, verschnauft gern einmal hier. Und ist immer in Gesellschaft. Es herrscht ein goldiger Umgangston. Nur eine ältere Frau macht eine Ausnahme, wie mir dort erzählt wurde, wo sie sich eingenistet hat. Die anderen Gäste nennen sie die Dreckschleuder. Man muß sich wundern, was sie alles von den Leuten in der Umgebung zu erzählen weiß. Alles, nur nichts Gutes. Es geht ungeniert zu. Eine ältere Frau, die man sich nur mit der Kaffeetasse in der Hand vorstellen kann, setzt die Bierflasche an den Hals. Und sogar mitten im Winter konnte man von der Straßenbahn einen Mann beob-

achten, der die Bierflasche an den Mund hielt. Die Finger müssen ihm dabei steif geworden sein. Es ist eben eine kleine sonderbare Welt für sich.

Das schöne alte Stübche

Es gibt Inseln der Frankfurter Gemütlichkeit. Sachsenhausen natürlich. Gehört der Stadtteil überhaupt zu Frankfurt? Oder hat er nur das Pech, dazu gezählt zu werden? Danach klingt es manchmal auf der anderen Seite vom Main. Jedenfalls sind viele Leute in Frankfurt-Süd (hört sich komisch an) fest davon überzeugt, daß bei der Erschaffung der Welt erst einmal die Rittergasse entstanden sei. Und dann der Rest der Schöpfung. Wie kann man Sachsenhausen charakterisieren? Stellen wir uns eine Wohnung vor, in die moderne Möbel gestellt worden sind. Albtraummöbel. Doch es gibt da noch ein Kämmerchen, das hat man gelassen, wie es war. Mit hübschen alten Schränken und Kommodchen. Das erste ist Frankfurt mit seinen neuen Vierteln, das zweite Sachsenhausen. Und wenn den Leuten von den sensationellen Novitäten die Augen wehtun, flüchten sie in das kleine Zimmerchen. Darin liegt auch das Geheimnis, warum die Frankfurter so gern mal über den Main gehen.

Natürlich haben die Sachsenhäuser Gassen etwas von einem Museum. Aber ihre krummen Häuser würden es sich verbitten, mit den Bungalows auf dem Lerchesberg in einen Topf geworfen zu werden. Kommen die Leute aus Boston und Los Angeles etwa nach Frankfurt, um sich die neuen Villenviertel anzusehen? Das haben sie viel schöner zu Hause mit Swimming-pools wie der

Michigansee. Die Touristen möchten sich die Häuschen betrachten, in die man von der Straße aus einsteigen kann, so niedrig sind die Parterrefenster.

Schwarze Schafe

Ob die Sachsenhäuser manchmal vor den Kopf geschlagen sind? Wenn sie feststellen müssen, daß nicht alle in ihrer Gemeinde aus der Brückenstraße oder aus der Paradiesgasse stammen. Am Affentorplatz kann man mitunter das lieblichste Sächsisch hören. Doch mit allen Artfremden werden die Sachsenhäuser schon fertig. Wie ein Mensch sich auszudrücken hat, wird deren Kindern auf der Straße beigebracht. So daß sie vollwertige Angehörige der goldigen Kleinstadt werden, die zufällig zu Frankfurt gehört. Es ist wirklich eine Kleinstadt. Das bestätigte auch ein Eingeplackter aus dem Bergischen Land. Er redete allerdings von einem liebenswerten Nest. Am Schweizer Platz war er von einer Obstfrau mit einem kameradschaftlichen „Wie geht's" begrüßt worden. Die Frau hatte ihn wiedererkannt, wiewohl er nur einmal Äpfel bei ihr gekauft hatte. Wie das eben in goldigen kleinen Nestern so ist.

Andere Uhren

In Sachsenhausen gibt es noch die uralten Familiennamen. Darüber wird geschwätzt, als sei der ganze Stadtteil miteinander verwandt und verschwägert. Man weiß, wer wen geheiratet hat. Und wer über den Main

Das Sachsenhäuser Adressbuch

nach Frankfurt gezogen ist. Als wäre er nach Australien ausgewandert. Auch darüber wird stundenlang getratscht. Kann man sich also darüber wundern, was einmal in der Nähe vom Frankensteiner Platz passierte? Da schwätzten zwei Frauen so ausdauernd, daß es Aufsehen erregte. Was taten die bösen Nachbarn? Sie nähten vom Keller aus den beiden die Röcke zusammen. Das merkten die zwei erst, als sie sich endlich trennen wollten. Nach einem Stündchen. Was will das in Sachsenhausen schon heißen? Da gehen die Uhren anders.

Es ist, als ob viele tausend stumme Wünsche in Erfüllung gegangen seien. Jenseits vom Main ein Reservat für Fußgänger. Ein Verkehrsproblem sei damit gelöst worden, heißt es. Die nüchterne Formulierung paßt gar nicht zu den alten Gassen. Irgendwo möchte man ja in dem hektischen Frankfurt seine Ruhe haben. Keine Angst bekommen, daß man von einem Auto überrollt wird. Das stört nämlich beim Nachdenken. Und das will man in den alten Gassen, mit der Nase auf dem Boden herumlaufen. Philosophieren. Nicht wie Schopenhauer, der mit seinem Pudel auf der anderen Seite gewohnt hat. Mehr für den Hausgebrauch. Ich möchte mich nicht mit einer übermächtigen Industrie anbinden und behaupten, die Autos würden zur Verdummung der Menschheit beitragen.

Wir wollen andere Stadtteile nicht verärgern. In Alt-Eschersheim, in Alt-Höchst und anderen Enklaven ist auch noch das goldige Frankfurt. Und erst recht in Bornheim. Dort wohnt ein besonderer Volksstamm. Den sollte man lassen, wie er ist, vor allem auch seine Straßen und Häuser. Man darf ja auch Kindern nicht ihr Spielzeug wegnehmen. Und was sind die alten Viertel anders als Spielsachen? Doch die Geschäftemacher mit Grundstücken, die sich wohl auch für den Viehhandel gut eignen würden, wie auch die Schreibtischakrobaten wollen das nicht einsehen.

Das sündige Dorf

Zunächst etwas zur Geographie. Allgemein heißt es, Bornheim würde an der Höhenstraße beginnen. Darüber können die Einheimischen nur lächeln. Für sie fing Bornheim an der sogenannten Drehscheibe an, die einmal in der Nähe der Saalburgstraße war. Doch die Alteingesessenen sind auch mit der Grenze nicht einverstanden. Das echte „Bernem" ist rund um die Bornheimer Zwiebelkirche zu finden. Dort ist alles noch ein bißchen dörflich. Wenn auch nicht so wie damals, als die Frankfurter „aufs Land" fuhren, wenn sie einen Ausflug in die Gegend machten.

Besonders die Frankfurter Frauen zog es einmal nach Bornheim. Dort sollte es den besten Kuchen geben, und das übte auf die Frankfurterinnen schon immer die größte Anziehungskraft aus. Trotz der Korsetts, die sie damals trugen. Fleißige Kuchenesserinnen schnappten bei Spaziergängen wie nach Bornheim oft genug nach Luft.

Ausgerechnet das ländliche Bornheim kam zeitweilig in schlechten Ruf. Es mußte sich das sündige Dorf nennen lassen. So ganz schuldlos daran waren die Bornheimer allerdings nicht. Sonst hätte ihr Prediger nicht von der Kanzel herunter gegen ihre Unmoral gewettert. Johann Christian Mitternacht hieß dieser streitbare geistliche Herr. Doch seine Strafpredigten scheinen nicht dazu geführt haben, daß die Bornheimer in sich gingen. Die

Frankfurter Frauen lockten gute Kuchen nach dem Dorf im Nordosten. Die Männer unterlagen anderen Verführungen. Es hatte sich in Frankfurt herumgesprochen, daß es in manchen Bornheimer Lokalen „hoch herging". Sie verfügten über eine flotte Damenbedienung. Und was gut dazu paßte: über verschwiegene hintere Eingänge. Die Frankfurter Männer legten ja weniger Gewicht darauf, daß in den Cafés von ihren galanten Exkursionen nach Bornheim gesprochen wurde. Oder gar im Neeb'schen Männerchor, wo sie seit vielen Jahren Mitglied waren. Und im Chor sagen: „Ein ruhiges Gewissen sei ein sanftes Ruhekissen."

Lustiges Völkchen

Die Bornheimer sind ein lustiges Völkchen geblieben. Wenn wir an das goldige Frankfurt denken, schweifen die Gedanken immer wieder in die Gegend der Zwiebelkirche. Bei heiteren Leuten passieren heitere Geschichten. Bornheim kann daher über Mangel daran nicht klagen. So geschah in dem stadtbekannten Apfelweinlokal zum „Schmärrnche" etwas höchst Belustigendes. Wodurch die Wirtschaft zu ihrem Namen kam. Bis dahin hieß sie nach ihrem Besitzer der „Schreiberhof". Nun wurde aber eines Tages der Wirt Schreiber von einem Pferd getreten. Und auch noch mitten ins Gesicht. So bedauernswert der Vorfall auch war, er brachte dem von dem Tritt Getroffenen nicht nur Mitgefühl ein. In einer Kneipe schrecken ja die Gäste, wenn sie animiert sind, vor keinerlei Spott zurück. Auch der Oberbürgermeister Adickes machte in der Beziehung keine Ausnahme. Er mischte sich gern unter das Volk und war dann kein

Warte bis es zwölf schlägt

Kind von Traurigkeit. Ob er selbst den Vorschlag machte, das Lokal des Pferdebesitzers umzutaufen, ist allerdings nicht verbürgt. Seinen „Senf gab er wohl dazu". Die Sache war die. Der Tritt des Gauls hatte Spuren im Gesicht des Gasthalters hinterlassen. Nun nennt man eine solche Narbe im Bornheimer Dialekt Schmärrnche. Warum sollte man das fragliche Lokal in Zukunft nicht „Schmärrnche" nennen? Was konnte der Wirt dagegen tun? Er mußte den neuen Tritt mit Humor hinnehmen. Er hatte allerdings keinen Schaden davon. Die Wirtschaft florierte, nachdem ganz Frankfurt über die Spuren im Gesicht ihres Besitzers gelacht hatte.

Ein Hauch von Alt-Bornheim weht immer noch durch die Eulengasse. Sie ist mehr als eine Gasse, ein Bornheimer Denkmal. Und die „Eulenburg" hat dort ihren richtigen Platz. Das gemütliche Lokal könnte auch keinen passenderen Wirt haben als Rumeleit. Wenn man mit ihm zusammensitzt, hat man immer nur Angst, er würde aufhören zu erzählen. Er weiß so viel von Frankfurt und erst recht von Bornheim. Schätze hat er auch gesammelt, Frankfurter Dokumente. In der Eulenburg hat man das Gefühl, meilenweit von der Stadt entfernt zu sein, aber auch mittendrin.

Gibt es das noch?

Die Frage bezieht sich auf die Altstadt. Man spricht noch von ihr. Aus Gewohnheit und auch aus Anhänglichkeit. Nur darf man manchen Frankfurtern nicht erzählen, was da zwischen Hauptwache und Main alles hingestellt worden ist, sei die Altstadt. Was hätte man auch anders machen können? Ein Ersatz für das Gewesene war nicht zu schaffen, oder Hexenmeister müßten am Werk gewesen sein. Alles in allem bleibt um Römer und Dom herum nur ein bescheidener Platz für die Erinnerung. Die ist meist gallenbitter.

Waren das schöne Straßennamen im alten Frankfurt. Als hätten sie Dichter erfunden. Weißadlergasse, Goldfedergasse, Weißfrauenstraße, Goldenhutgasse. Manche sind noch da. Es ist gespenstisch, wenn man sie manchmal an einem Straßenschild entdeckt. Und dann erst begreift, was alles kaputtgegangen ist.

Was noch vorhanden ist, lernt man schätzen, wenn man an die Riesenbetonklötze in den Außenbezirken denkt. Die dort, wie behauptet wird, die Himmelslinie bilden. Der Himmel würde sich das wohl verbitten, wenn er könnte. Das alles kann genauso gut in Hannover und Wuppertal stehen. Nun gibt es aber so altmodische Menschen, die gern in Frankfurt wohnen möchten. Die auch noch das Wort goldig im Mund herumführen möchten, wenn sie von ihrer Stadt sprechen.

Die heutige Altstadt bietet immerhin noch Überraschungen. Da sind richtige Häuser zu sehen. Und noch keine bombastischen Gemeinschaftsschlafstellen. Wahre Gotteshäuser sind auch zu bewundern. Ein Glück, daß die übermodernen Kirchenbauten nicht schon zu einer Zeit aufgeführt wurden, als sich die Menschen noch ihre Innerlichkeit bewahrt hatten. Sonst wäre womöglich der Bestand der christlichen Kirche gefährdet worden. Während der Anblick von Sankt Nikolai womöglich einen Atheisten zur Einkehr bringen kann.

Von den alten Brunnen geht bestimmt auch eine heilsame Wirkung aus. Wer fünf Minuten still vor ihnen steht, hat etwas für sein Herz getan. Er kann es womöglich an seinem Elektrokardiogramm kontrollieren.

Liebliche Betonlandschaft

Goldsucher

Den Frankfurtern fehlte früher etwas, wenn sie lange nicht in der Altstadt waren. Da gab es vielleicht irgendwas Neues zu entdecken. Im übrigen ging es ihnen mit den alten Gassen wie den Kindern, die immer wieder zu der Tante wollen, die ein Stück Schokolade übrig hat. Es gab eine besondere Sorte von Altstadtfreunden. Die Erinnerungensammler. Sie suchten nach der windschiefen Laterne, unter der sie einmal mit einem Mädchen gestanden hatten. Vor vielen Jahren. Und hinterher ging es ihnen vielleicht auf, daß es in der Altstadt damals so schöne dunkle Ecken gab, wo sie mit ihrem Schatz besser aufgehoben waren.

Man nannte diesen oder jenen den Altstädter. Nicht nur weil er da geboren war. Er gehörte ganz einfach dahin. Das zeigte sich auch, wenn er aus den Gassen fortzog. In ein modernes Stadtviertel. Da paßte er einfach nicht hin. Also zurück in die Altstadt mit den Kanallöchern, die nicht gerade Wohlgerüche verbreiteten.

Auf eine makabre Weise wurde gezeigt, daß manche Altstädter dorthin gehörten, wo sie groß geworden waren. Die Bomben sorgten dafür, daß sie ewig in ihrer Altstadt blieben. Zu diesen Unglücklichen zählte auch der Wirt der Altdeutschen Bierstube. Er kam unter den Trümmern seines malerischen Hauses um.

Sodom und Gomorrha

Der Frankfurter Archivarius Kriegk berichtet in seinen „Deutschen Kulturbildern“ von einem Sattler namens Bock. Der fand mancherlei Ärgernis an Frankfurt. Er

war das, was man einen sonderbaren Heiligen nennt. Er fühlte sich daher als ein vom Himmel inspirierter Zuchtmeister.
Solche Leute glauben bekanntlich, daß sie von der Vorsehung dazu bestimmt sind, ihren Mitmenschen die Leviten zu lesen. Frankfurt schien nach Bocks Ansicht dessen besonders bedürftig zu sein. Er tat, als sei Sodom und Gomorrha verglichen mit der Mainstadt ein Hort der Tugend gewesen. Es gab bis auf den heutigen Tag wohl kein Laster, daß er den Frankfurtern nicht vorwarf. Ehebruch war dabei noch eine relativ harmlose Verirrung. Die Frankfurter rührte das nicht, wiewohl die Stadt das Odium, sittenlos zu sein, immer behalten hat. Immerhin wurde der Stadt auch von ihren heftigsten Kritikern bestätigt, sie sei ein kultivierter Sündenpfuhl. Eine elegante Lasterhöhle. Was allerdings in den Augen von fanatischen Keuschheitstanten nicht als Milderungsgrund angesehen wurde. Eher als das Gegenteil. Die Frankfurter selbst kamen sich nie verworfen vor. Sie machten vielleicht aus ihrer Liebe zum Leben weniger Hehl als andere. Sie hielten sie sogar für eine goldige Tugend. Und das scheinen sie heute noch zu tun.

Die ärgerlichen Schaufenster

Das Laster wurde vom heimlichen zum öffentlichen Ärgernis. Mit den Sexläden. Allerdings mehr in den Augen der Sittlichkeitsfanatiker. Die fragten besorgt: Wo soll das hin? Und sahen bereits Orgien auf Straßen und Plätzen. Die Aufregung war nicht ganz zu verstehen. Wer sich die Zeitungskioske ansah, mußte bereits den Eindruck haben, in ein Nacktbad geraten zu sein.

Doch mit den neuen Läden verbanden sich weit schwülere Vorstellungen. Und tatsächlich: Ihr Bildmaterial ist überdeutlich. Ihre Sexfilme noch mehr. Und die Buchtexte bewegen sich auch nicht in Umschreibungen. Die Nacktheit allein möchte man dagegen als etwas äußerst Sittsames bezeichnen. Allerdings versprechen die Kinos ihren Besuchern in den Zeitungen auch Dinge, bei denen ihnen die Hände zu kribbeln beginnen, um es einmal so auszudrücken. Zuerst drückten sich die Leute um die Sexläden herum. Keiner wollte der erste Kunde sein. Als würde irgendwo eine Kamera auf ihn lauern. Aber stehenbleiben konnte man ja einmal. Wenn auch nicht gleich die Nase an die Scheiben der Schaufenster pressen. Die Opas und die Lehrlinge waren am meisten interessiert. Vollblütigen Männern kam die ganze Sache lächerlich vor. Was da geboten wurde, war ihnen ja nicht nur auf dem Papier bekannt.
Bald marschierten die Kunden hinein. Nicht anders als in Bäckerläden oder Schreibwarengeschäfte. Kein Protest bei den Passanten. Ausgerechnet ein Frankfurter sollte sich dem Verdacht aussetzen, hinter dem Mond zu Hause zu sein. Harmlose Gemüter meinten, es wären früher doch andere Zeiten gewesen. Auf einen Fall traf diese Behauptung zu. Ein Freudenhaus sollte eröffnet werden. Nicht in Frankfurt, dort waren die entsprechenden Bedürfnisse gedeckt. In einem Städtchen in der nicht fernen Nachbarschaft. Die Anwohner des geplanten Liebestempels waren empört. Sie schritten zur Selbsthilfe, um dem Haus der Freuden das Geschäft zu verderben. Sie nahmen Aufstellung vor der Tür zur Seligkeit. Nun hat es niemand gern, wenn er bei einem so qualifizierten Seitensprung seinen Chef unter den Aufpassern trifft. Oder gar seine Schwiegermutter. Es wird

allerdings in unseren Breiten je nach der Jahreszeit zu bestimmten Stunden dunkel. Das wollten sich die Glückseligkeitsuchenden zunutze machen. Die Nacht- und Nebelbesucher hatten allerdings nicht mit den Scheinwerfern gerechnet. Von denen wurden sie rigoros angestrahlt. Was wiederum zu einer Gegenaktion führte. Die Angeleuchteten rückten mit Regenschirmen an, hinter denen sie sich verkrochen. Die aber wiederum hielten den Steinhagel nicht aus, der auf sie kam. Schließlich mußte die Polizei in Aktion treten. Sie nahm sich der gequälten Bordellbesucher an. Der Betrieb war ja konzessioniert. Und alles in allem hat der Staat mehr Interesse an den Steuern seiner Untertanen als an deren Moralempfinden. Die Frankfurter lachten jedenfalls über das Drama in ihrer Nachbarschaft. Sowas konnte in einer Stadt, die auf ihre mondän-humane Gesinnung stolz war, nicht passieren.

Deutschland voran

Die Kunden der Sexläden sind in jedem Fall nicht angeschmiert. Was früher Schlüpfrigkeitsinteressenten durchaus passieren konnte. So auch auf dem Frankfurter Juxplatz. Da versprach zum Beispiel eine üppige Schöne den Männern vor ihrer Bude mit eindeutigen Gesten eine reizvolle Schau. Was sie dann hinter der Zeltwand zu sehen bekamen, bezeichneten selbst einigermaßen aufgeklärte Tertianer als „Käse".

Es war immer zu hören, die Schweden und Dänen seien an allem schuld. Durch ihren Massenschmuggel von Pornoheften und Sexfilmen hätten sie die biederen Deutschen zum Genuß von Schamlosigkeiten verführt. Das

Zu spät, Schatzi!

konnte natürlich so nicht weitergehen. Nicht wegen der sittlichen Gefahren für unser Volk, wiewohl auch die hinreichend beschworen wurden. Aber schließlich ging es auch um den Profit. Sollten wir den Ausländern einen so ertragreichen Markt überlassen? Wir, die Rekordexporteure Europas. Wir besaßen doch auch die besten Rohstoffe für diese Fabrikation. Das deutsche Fräuleinwunder. Mit der berühmten deutschen Gründlichkeit wurde ans Werk gegangen. Und die Nordländer sind so gut wie aus der Konkurrenz geworfen. Deutsche kauft deutsche Pornoerzeugnisse.

Die Filme machen eine anregende Unterhaltung im trauten Heim möglich. Warum soll man gute Bekannte nicht einladen? „Kommen Sie doch heute abend mal auf einen kleinen neckischen Bildstreifen zu uns!" Ob das eine Ehe krisenfester macht, muß bezweifelt werden. Die Freude am pikanten Bild ist nicht neu. Das erfuhr ein Frankfurter, der vor Jahren nach Paris fuhr. Einem reizenden Liebeserlebnis konnte er dort nicht entgehen. Es hatte einen märchenhaften Vorzug. Es kostete keinen Centime. Wie war unser Frankfurter daher entzückt, als er bei einem neuen Besuch in Paris seine billige Geliebte wiedertraf. Natürlich kam es zum Tête-à-tête in Neuauflage. Doch unser Frankfurter erlebte eine unliebsame Überraschung. Er wurde nämlich hinterher zur Kasse gebeten. Auf seine erstaunte Frage hin wurde er informiert, daß beim letzten Schäferstündchen eine Filmgesellschaft die Kosten getragen habe. Das erzählte er seinen Frankfurter Bekannten. Die fanden es gar nicht so seltsam. Wer achtet schon auf Löcher in der Wand, wenn er glücklich ist?

Das Frankfurter Lachen

Die Frankfurter wollen keine Massenware sein. Es stört sie daher auch heute noch nicht, wenn einer nicht nach Maß geraten ist. Im alten Frankfurt sagte man mitunter: Meschuggesein wäre kein Unglück. Als könnten die restlos normalen Menschen keine rechte Lebensfreude haben. Selbst an ihren repräsentativen Bauten leisteten sich die Frankfurter liebenswürdige Verrücktheiten. Am Obergeschoß vom Rathaus zum Beispiel. Von dort schauen ehedem stadtbekannte Persönlichkeiten, in Stein gehauen, auf die Bethmannstraße hinunter. Doch diese prominenten Leute sind zu Metzgern mit Würsten, zu Bäckern mit Brezeln und Bierbrauern mit Hopfenstangen geworden. Jeder Frankfurter kannte sie in ihrer Rolle als Handwerker wieder. Die Überführung in der Bethmannstraße reizte auch die Spottvögel. Sie tauften sie nach dem Vorbild von Venedig die Seufzerbrücke. Der höchste Rathausturm hieß nach dem früheren Oberbürgermeister Franz Adickes der „Lange Franz“. Die Goethes mußten auch herhalten. Die beiden anderen Türme wurden „Frau Aja“ und „Cornelia“ getauft. Nach der Mutter und der Schwester des Dichters.

Zwei Gestalten tragen die Seufzerbrücke auf ihren Steinrücken. Was konnte man denen andichten? Die Frankfurter fanden etwas. Die beiden würden sich Börsenwitze erzählen. Tatsächlich entstanden an der Börse manche Witze, die dann ihre Runde in der Stadt machten. So leidenschaftlich war man damals wohl noch nicht hinter dem Profit her, daß nicht auch mal Zeit für einen Scherz blieb. Hören Sie einmal heute in die Wertpapierbörse hinein. Sie meinen, Sie seien unter Buchmachern auf einem englischen Rennplatz. Oder

Ganz unter uns gesagt . . .

unter Marktschreiern. Es gibt eben nichts mehr zu lachen. Man muß offenbar den Witz unter dem Volk suchen. Ich wurde mit ihm in der Linie 12 bekannt gemacht. Da saß eine kompakte Frau, der man sozusagen die Bornheimerin ansah. Sie hatte es mit dem Schaffner, einem offenbar grundsoliden und ein wenig gehemmten Mann. Den brachte sie mit höchst indiskreten Fragen in Verlegenheit. Ob er verheiratet sei? Und wie es mit gewissen Dingen stehe, die man als Voraussetzung für eine gute Ehe bezeichnen kann? Das machte sie ganz allerliebst, trotzdem bekam der gute Mann rote Ohren. Die Fahrgäste amüsierten sich und bedauerten es, als die spaßige Person ausstieg.

Das Märchen von der Weltstadt

Immer wieder stellt es sich heraus: Die Frankfurter sind wahre Kinder. Oder können es wenigstens sein. Von Weltstädtern keine Spur. Der Weihnachtsmarkt ist zwar eine Art Rummelplatz geworden. Und doch geht der Geist der Quetschemännchen immer noch zwischen den Buden auf dem Römerberg um. Die Alten kommen sich dort vor, als seien sie noch die Läuszippel und Rotznäschen wie damals. Das wird so bleiben, auch wenn sie aus dem alten Platz eine Landestelle für Hubschrauber machen sollten.

Die „Alte Eule“ gehörte zu den zünftigen Altstadtlokalen. Sie hatte eine Sehenswürdigkeit zu bieten. Ein altväterliches Orchestrion. Zur Musik tanzten hinter Glas grotesk-possierliche Gestalten. Viele Leute tranken ihr Bier in der „Alten Eule“, nur um die zwei Figuren wieder einmal herumhopsen zu sehen. Doch es kamen nicht nur Gäste, denen man ein einfältiges Gemüt nachsagen konnte. Auch Feuilletonisten der weltberühmten Frankfurter Zeitung erschienen, um sich das bizarre Geschehen hinter Glas zu betrachten. Die mußte man schließlich zum geistigen Adel zählen. Sie machten sich sicher ihre Gedanken, als sie die Puppen zappeln sahen. Die Zeit reifte bereits heran, da sollten Millionen zappeln. Wie Puppen. Doch einstweilen freute man sich noch über das goldige Frankfurt mit seinen Kuriositäten. Das schaute auch an der Hauptwache in den letzten Wochen heraus. Da stand ein Orgelmann. Mit einem malerischen Instrument. Er wollte offenbar die Zeit heraufbeschwören, da ambulante Musikmacher durch die Hinterhöfe zogen. Die im übrigen in Holland so lebendig ist wie eh und je. Aber in Frankfurt? An der Hauptwache? Wo es keine Menschen mehr gibt, sondern nur Verkehrsteilnehmer. Eine Mutter, die ihr Söhnchen an der Hand hatte, sah aus, als würde sie für eine gewagte neue Damenmode Reklame gehen. Sie fand es indes ganz in Ordnung, daß sich ihr Bub von der Hand losriß und zu der Orgel lief. Um sich das Wunder von der Nähe zu besehen. Er durfte natürlich auch das Geld in den Napf werfen. So goldige Dinge kommen immer wieder zum Vorschein, wenn man in dem großen Topf Frankfurt herumrührt.

Denkmal mit Blättern

Die Eschersheimer Linde ist schon oft totgesagt worden. Sie lebt aber immer noch. Sie erinnert damit an einen der unzähligen Arztwitze. Wobei nicht sicher ist, ob es

Oh Lindenbaum — oh Lindenbaum!

sich wirklich um einen Scherz handelt oder ob die Geschichte in der Praxis eines Frankfurter Arztes tatsächlich passiert ist. Einer Kapazität. Bei ihr ließ sich ein Patient untersuchen. Der Professor flüsterte seinem Assistenten zu: Der Mensch ist verloren. Was dieser allerdings hörte. Nach Jahren erschien der Totgesagte bei dem Arzt. Frisch und munter. Mit den Worten: „Herr Doktor, Sie hatten mich vor Jahren bereits aufgegeben. Doch ich lebe immer noch." Der Arzt entgegnete ihm, daß er dann offenbar falsch behandelt worden wäre. Aus diabolischer Sicht betrachtet, konnte das sogar gestimmt haben.

Der Eschersheimer Linde ging es nicht viel anders. Aber nicht ihre Ärzte waren über sie verzweifelt, sondern die Eschersheimer. Vor allem, als die Linde in den zwanziger Jahren an den Wurzeln zu faulen begann. Sie wurde allerdings sorgsam gepflegt. Man möchte jedem Kranken in Frankfurt wünschen, daß er in so gute Hände kommt. Man rieb den Baum liebevoll mit Hormonsalbe ein. Die Weisen der Baumheilkunde wurden für seine Genesung aufgeboten. Inzwischen sorgte der alte Baum für mancherlei Aufregung. So, als in der Gegend erzählt wurde, die neuen Gasleitungen wollten ihm ans Leben. Da brach in der stillen Vorstadt ein Aufruhr los. Noch größer wurde die Empörung über das, was die Eschersheimer eines Tages zu sehen bekamen. Die alte Linde war plötzlich oben halbnackt. Mächtige Zweige waren aus der Krone herausgehauen worden. Bald, so behaupteten die Aufgebrachtesten, würden die Baumfrevler auch noch den Stamm absägen. Sie wurden beruhigt. Man erklärte ihnen, die Krone sei nur gelichtet worden, um die Wurzeln zu entlasten. Die Linde lebt jedenfalls weiter — wie der vordem erwähnte totgesagte Patient.

Und in ihrer Nähe lebt auch noch ein goldiges Stück Frankfurt. Auf den Bänken, auf denen die Leute sitzen und schwätzen können.

Millionen Augen wachen

Es gibt ganz allgemein einen rührenden Beweis dafür, daß die Frankfurter sich ihre Bäume nicht nehmen lassen. Davon kann Gartenbaudirektor Sallmann einiges erzählen. Er freut sich immer auf ein geruhsames Wochenende, wiewohl er weiß, was ihm da unter Umständen bevorsteht. Nicht selten klingelt das Telefon. Es meldet sich eine aufgeregte Stimme. Als ob ein Einbruch geschehen sei. Oder ein Brand wäre ausgebrochen. Aber es ist ja etwas weit Schlimmeres passiert. Ein Baum, an den sich die Leute in der Nachbarschaft gewöhnt haben, soll umgelegt werden. Und wie das am Telefon geschildert wird. Als handele es sich um ein hinterhältiges Bubenstück. So sieht es allerdings auch manchmal aus. die Baumfeinde rücken still und heimlich am Wochenende an. Sie rechnen damit, daß das Gartenbauamt dann keinen Dienst macht. Doch sie haben sich in dem Chef geirrt. Der ruft sogleich beim zuständigen Polizeirevier an. Die Beamten erscheinen, von den Baumliebhabern sehnlichst erwartet. Es geht dann mitunter nicht ohne heftige Diskussionen ab. Aber wenn der Trupp, der dem Baum ans Leben will, keine Genehmigung hierzu hat, muß er abziehen. Die Argumente, die von den Attentätern vorgebracht werden, bringen die Anwohner erst recht in Rage. Er störe die Einfahrt. Oder sei einer Garage im Weg, die gebaut werden soll. Sind das Gründe, um einen schönen Baum zu vernichten, an dem man mit jedem Blick aus dem Fenster seine Freude hat? Die Umwohner wissen es besser. Da ist jemand zu faul, das herabfallende Laub aufzulesen. Der Gartenbauamtschef Sallmann kann sich jedenfalls auf seine stille Gefolgschaft verlassen. Millionen Augen wachen über Frankfurts Bäume.

Träumerei bei Kaffee und Kuchen

Das Café Laumer gehört auch ins Frankfurter Familienalbum. Es war eigentlich mehr eine Konditorei. Und was für feine Naschereien gab es in der Bockenheimer Landstraße. Dazu ein stundenlanges Geschnatter im Damenkreis. Zuletzt paßte das Laumer gar nicht mehr recht in seine Umgebung. Zwischen die neuen Geschäftsriesen ringsum. Es lag da wie ein Rasenplätzchen unter Fabrikschornsteinen. Ob es sich deshalb hinter hohen Kastanienbäumen verkrochen hatte, so daß man es im Sommer suchen mußte?

Wie es im Café zuging, davon hatte Frau Laumer-Hildebrand so viel zu erzählen. Dabei hätte man sich am liebsten manchmal die Ohren zugehalten. Weil es eben goldige Vergangenheit ist, von der kein Stück wiederkommt. Viele populäre Frankfurter verkehrten im Laumer. So daß angenommen werden konnte, ihretwegen sei die pompöse Marmortreppe aufgestellt worden. Vor allem wegen der Künstler, die ins Laumer kamen. Lia Justus, Erwin Thauer, Camilla Horn, Filmstar und geborene Frankfurterin. Nicht zu vergessen Matterstock und Sybille Schmitz, von deren traurigem Ende unter den Besuchern des Laumer noch viel gesprochen wurde.

Skandalgeschichte durch die Blume

Die Damen des Westends kamen nicht nur, weil sie sich in der Nähe bekannter Künstler sonnen wollten. Vor allem hatte es ihnen der köstliche Baumkuchen angetan. Der wiederum tat ihrer Figur einiges an. Mit dem Krokanteis, das von seinen Liebhaberinnen als märchenhaft bezeichnet wurde, war es ebenso. Diese teuflischen Leckerbissen nahmen mancher Westenddame die Freude daran, sich im Spiegel zu betrachten. Aber sie konnte schlecht von ihrem gefrorenen Laster mit Sahne lassen. Und bis über alle die Skandälchen, die im Westend passiert waren, genug gelästert war, brachte die Kellnerin bereits die dritte Portion.

Verborgene Grössen

Von manchen wußte man kaum, daß sie in Frankfurt wohnten. Dabei waren sie doch, wie man sagt, irgendwer. So Harald Schütz, der bis an sein Lebensende seinen Wohnsitz in Frankfurt hatte. Schütz beherrschte unter anderem 290 verschiedene Sprachen. Was das heißt, mag man daran erkennen, daß viele von uns nicht richtig deutsch können. Was sie nicht davon abhält, öffentliche Reden zu halten. Wenn ich Ihnen mitteile, daß Schütz auch arowakisch sprach, halten sie das womöglich für einen Witz. Aber es stimmte. Arowakisch ist nicht etwa eine Art Rotwelsch.
Schütz wohnte in der Elsheimer Straße. Dort schüttelten die Leute mitunter die Köpfe. War denn bei Schütz schon wieder Maskenball? Da kamen ja seltsam kostümierte Erdbewohner an. In allen Farben. Schütz veranstaltete nämlich das, was man eine Völkerschau nennt. Seriöse Darbietungen. Wenn auch die Akteure dabei

Dunkle Geschichten

bedrohlich ihre Speere schwangen und Kriegsgesänge losließen, bei denen es den Frankfurtern unheimlich wurde. Jedenfalls ging es bei Schütz nicht zu wie mitunter auf den Frankfurter Juxplätzen. Dort wurden auch wilde Völker gezeigt. Ein Anreißer schrie in ein Megaphon: „Hört sie mit den Ketten rasseln." Und aus dem Zelt heraus klang es, als ob tatsächlich eine Schar von Wilden an den Ketten zerren würde. Dabei handelte es sich um harmlose Exoten, die ein Unternehmer irgendwo aufgelesen hatte.

Liebenswerte Begegnungen

Gemeint sind kleine Alltagserlebnisse. Zu denen man unwillkürlich sagt: Wie goldig! Mir kam das Wort jedenfalls an der Hasengasse auf die Zunge. Eine jüngere Frau führte einen Jungen an der Hand. Der stolperte. Sie hielt ihn fest und sagte: „Gib doch acht, du Schussel." Wo mochte sie das Wort Schussel herhaben? Den guten alten Frankfurter Ausdruck, der doch ganz verweht zu sein scheint. Die Mama sah aus wie eine Modepuppe. Offenbar kommen die Wunder in Frankfurt nicht vom Himmel, sie liegen auf der Straße. Ein bißchen wie nach einem Rippenstoß mitten im Alltag sieht es auch aus, wenn man an einem Haus im Grüneburgweg eine unauffällige Tafel entdeckt. Die uns sagt, daß wir nicht nur Augen für Verkehrsampeln und Preisangebote haben sollen. An der Hauswand kann man nämlich lesen, daß dahinter einmal der Irrenarzt Heinrich Hoffmann wohnte. Er hat ein Kinderbuch geschrieben. Für seine eigenen Kinder, bildete er sich ein. Dabei hat er es allen Kindern der Welt geschenkt. Und doch ist sein

Mit dem Struwwelpeter zum Mond

„Struwwelpeter“ auch das schönste goldige Heimatbuch. Die bösen „Friederich“, die „Suppenkaspar“ und die „Hans-guck-in-die-Luft“ laufen auch heute noch in den Frankfurter Straßen und Gassen herum. Und selbst wenn die Kinder nächstens nach dem Mond fliegen sollten, die Unarten, die sie nach Heinrich Hoffmann besitzen, werden sie nie ablegen.

Zu faul zum Bücken

Das kann man reichen Leuten nachsagen, die nicht mal hinschauen, wenn ihnen etwas aus der Tasche fällt. Mit denen darf man manche Frankfurter vergleichen. Die regen sich nicht weiter darüber auf, sobald wieder einmal ein wertvolles Stück ihrer Heimatstadt verschwindet. Sie werden es wohl auch hinnehmen, sollte im Römer ein Supermarkt eröffnet werden. Dabei sind wir in dieser Beziehung alles weniger als reich. Bettelarm sogar, wenn wir an die baulichen Schätze in anderen vor allem ausländischen Städten denken.

Um den Grindbrunnen muß man nicht gerade weinen. Dafür roch er zu sehr nach faulen Eiern. Und doch war es rührend, wenn die alten Weibchen mit Kannen und Eimerchen nach dem Untermainkai pilgerten, um sich von dem Wasser mit dem Schwefelgehalt zu holen. Sie glaubten fest daran, daß sie eines Morgens nach einer Grindbrunnenkur als knusprige Jungfrauen aufwachen würden. Heute wird über derlei Illusionen gelächelt. Fragt sich, woher kommt dieser Hochmut. Denken wir lieber daran, was wir uns heute alles an Schwindel erzählen lassen. An den hätten manche von den alten Grindbrunnenweibchen wohl nicht geglaubt.

Den Kuhhirtenturm am Sachsenhäuser Ufer wollten sich die Frankfurter nicht nehmen lassen. An seinen dicken Mauern sollten sich einmal die Belagerer der Stadt die Köpfe einrennen. Und später die Stadterneuerer. Eine Kostbarkeit ist er nicht. Daher war es sozusagen ein Witz, daß sich ausgerechnet Künstlerklubs für sein Weiterleben einsetzten. Auch der Komponist Paul Hindemith war von dem plumpen Gesellen angetan. Fünf Jahre wohnte er in dem Gemäuer. Man möchte an dem Gerede vom genius loci zweifeln. Hindemiths vorwärtsstrebende Musik und dieses unbeholfene Stück Mittelalter.

Feierstunden

Man könnte mitunter auf den Gedanken kommen, der Hauptfriedhof sei nebenbei eine Vogelwarte. In der Nähe des Portals hängt eine Tafel mit Abbildungen der deutschen Singvögel. Überall scheinen Vogelkundige herumzugehen. Natürlich bringen sie regelmäßig Futter mit. Rentnerinnen mitunter für ihre letzte Mark. Mit ihren Kostgängern kennen sie sich aus. Ob es sich um Körnerfresser oder Weichfresser handelt. Ob sie am liebsten Haferflocken, Sonnenblumenkerne oder Hanfkolben auf dem Speisezettel haben. Auch sonst sind die Fütterer über ihre Lieblinge orientiert. Die Finken sind vorwitzig, anders die Rotkehlchen, Meisen, Drosseln und Baumläufer. Die kommen nicht so leicht auf die Hand.

Mit den Eichhörnchen ist es unterhaltsam. Wenn die nichts bekommen, wenden sie sich indigniert ab. Als wollten sie sagen: Das sieht den Menschen ähnlich. Erst rufen sie „Hansi, Hansi“, dann haben sie nicht mal

eine Nuß bei sich. Kriegen die Tierchen etwas, revanchieren sie sich mit einer Vorstellung. Sie vollführen artistische Sprünge.
Einem seltsamen Tierfreund begegnete ich an der Untermainbrücke. Der brachte regelmäßig Futter für die Möwen. Und behauptete, er würde jede kennen. Das da sei die Frieda und das die Pauline. Letztere wäre besonders scheu. Doch zu ihm kam sie, ganz in die Nähe sogar.
Tierfreunde bester Art sind auch die Beamten vom Polizeirevier 15 am Wiesenhüttenplatz. Es wird manchmal als die Davidswache bezeichnet. Nach dem Revier auf der Reeperbahn, wo es heiß hergeht. Das hindert die Polizisten vom Wiesenhüttenplatz nicht daran, sich Brieftauben zu halten. Wiewohl sie doch im Dienst mit „schrägen Vögeln" genug zu tun haben.

Gute Kameraden

Er gehörte zu Frankfurt. Wenn er auch mit dem Zirkuswagen im Land herumzog. Oskar Hoppe ist gemeint. Es machte Spaß, in seinem Direktionswagen zu sitzen und mit ihm zu plaudern. Nicht über abenteuerliche Manegegeschichten, bei denen den Zirkusbesuchern fast das Herz stehenblieb. Es klang alles so einfach und menschlich in Hoppes Erinnerungen. Meist ging es um seine besten Freunde, die Tiere. Wie wäre er sich vorgekommen, sollte er morgens ohne Zucker bei ihnen erschienen sein? Sie hätten gedacht, da sei plötzlich ein neuer Direktor aufgetaucht. Viel Amüsantes wußte er auch zu berichten. Wie er einmal darüber belehrt wurde, daß er die Tiere doch nicht so gut kannte, wie er dachte.

Bei der piept's

Zu dieser Einsicht brachte ihn ein Schimpanse. Und zwar war das in München. Er hatte mit dem Affen einen Stadtbummel unternommen, um ein bißchen Propaganda für seinen Zirkus zu machen. Dabei durfte der Besuch eines Bierkellers nicht fehlen, schließlich war man in München. Dem Affen schien es dort zu gefallen, mit echt bayrischer Gemütlichkeit machte er sich über ein Maß her. Doch das schien ihm schlecht zu bekommen. der Musterknabe fing zu randalieren an. Und schlug einem Gast, der ihm hierzu keinerlei Veranlassung gegeben hatte, ein Auge blau. Hoppe und sein Begleiter sahen das Schlimmste kommen. Nur mit Mühe gelang es ihnen, den Raufbold zur Vernunft zu bringen. Aber übel nahm es Hoppe dem Schimpansen nicht, daß der in München einmal Lust am Raufen bekam. Damit hatte er sich eigentlich nur landesüblich verhalten.

Volksbefragung

Zeitungen stellten früher die Frage nach dem populärsten Frankfurter. Sie meinten wohl den, von dem in der Stadt am meisten geredet wurde. Im sechzehnten Jahrhundert wäre die Wahl bestimmt auf den Prior des Dominikanerklosters gefallen. Der unterhielt ein Liebesverhältnis mit einer Priorin des gleichen Ordens und machte sogar Anstalten, sie zu ehelichen. Das war allerdings dem Orden und auch den Frankfurtern zu viel. Der Prior und seine Freundin mußten das Liebesnest verlassen.

Inzwischen hat es in der Stadt viele Leute gegeben, die bekannt wurden wie bunte Hunde. Auch einige, die so waren, wie man sich den echten Frankfurter vorstellt.

Das sind ja komische Frankfurter

Aufsässig und dazu bereit, für seine Ansicht den Kopf hinzuhalten. Ein Herr von Olnhausen gehörte zu ihnen. Bekannter Geschäftsmann und Frankfurter aus Leidenschaft. Er zählte zu denen, die es fertigbrachten, daß aus der Friedrich-Ebert-Straße wieder die alte Kaiserstraße wurde. Nur weil sie sich an den neuen Namen nicht gewöhnen konnten. Doch von Olnhausen hatte auch andere Händel auszutragen. So mit der Steuerbehörde. Von der wurde er eines Tages zu einer Unterhaltung gebeten. Von Olnhausen ahnte, worum es ging. Er spielte aber den Dummen und bedankte sich im voraus dafür, daß ihm die Behörde bei der Abfassung seiner Steuererklärung behilflich sein wollte. Er mußte allerdings hören, es handele sich um eine Steuerprüfung. Worauf von Olnhausen dem Beamten am Telefon erklärte, er möge ihn gefälligst am Arsch lecken. Die Beamten hatten hierzu keine Lust, noch gehört es zu den Obliegenheiten einer Behörde, dieser Aufforderung nachzukommen. Doch sie lachten herzhaft, denn sie kannten von Olnhausen als einen seltsamen Kauz.

Der letzte Frankfurter

Vielleicht kann man den Bildhauer Schorsch Mahr so nennen. Er wußte so viel von seiner Vaterstadt. Und sprach von ihr wie von einer alten Liebe, die man sein ganzes Leben über nicht los wird. Er besaß die Frankfurter Gescheitheit. Gibt es die überhaupt? Es ist eine, auf die man sich nichts einbildet. Das erinnert an den Mann, der in Sachsenhausen in einer Kneipe saß. Am Tisch kam die Rede auf Goethe. Da sagte der Betreffende: „Wenn man das richtig überlegt, der Goethe war

gar kein dummer Frankfurter.“ Als würden von der Sorte Dutzende auf der Straße herumlaufen.
Schorsch Mahr wohnte zuletzt in einem Hochhaus in der Schloßstraße. Im zwölften Stock. Was er da nicht alles wußte, wenn er nach dem Taunus sah. „In der Kirche dort hat Lavater gepredigt.“ Mahr war eine Zeitlang in Amerika. Und kam zurück, wie er fortgegangen war. Mancher muß sich, wenn er heimkommt, seinen Paß betrachten. Damit er sich daran erinnert, wo er geboren worden ist.

De Carl

Viele sahen in ihm den letzten Frankfurter. Vielleicht auch, weil er die Frankfurter Volkstypen auf der Bühne so treffend spielte. Man mußte annehmen, seine Wiege hätte auf dem Fünffingerplätzchen gestanden. Dabei wurde er in der Hafenstraße geboren. Doch da war auch allerhand los. Wenn die Schiffe ankamen. In einem Café in der Nähe wurden Musikproben abgehalten. Der kleine Carl zeigte noch wenig Achtung vor der Kunst. Er und andere Gassenbuben lutschten vor den Augen der Flötenspieler Zitronen. Denen zog sich daraufhin der Mund zusammen. Da soll einer Flöte spielen können.
Carl Lulay trieb es zur Bühne. Der Vater hatte ein Blumengeschäft und sah seinen Sohn schon hinter dem Ladentisch. „Wie wär's mit den gelben Rosen, gnädige Frau?“ Carl sah sich indes schon als Faust und Hamlet. Die Decke fiel ihm auf den Kopf, als ihm von seinem Intendanten eröffnet wurde, er sei der geborene Komiker. Das machte den Papa erst recht wild. Ob Carl auf der Bühne auch Feuer fressen müsse, wollte er wissen.

Es kam wie im Groschenroman. Der alte Lulay sah seinen Sohn in Aschaffenburg auf den Brettern, und alles war verziehen.
Der Krieg kam und mit ihm die Verwundung. Im Lazarett trat Lulay in patriotischen Stücken auf. Die Damen vom Vaterländischen Frauenverein waren gerührt. Aber ganz Frankfurt war gerührt, als er nach dem zweiten Krieg das Lied vom „Alten Pfarrturm" sang. Frankfurt lag in Trümmern. Da war er nicht Schauspieler, sondern der Carl von der Hafenstraße.

Filiale der Kunst

Ein Blumengeschäft am Schillerplatz. Oder Theaterplatz. Oder Rathenauplatz. Man wird ganz wirr. Wie sich das immer wieder änderte. Als sollte die Weltgeschichte damit lächerlich gemacht werden. Inhaberin war Lina Schott. Ihr hatte es das Frankfurter Theater angetan, und nicht nur, weil sie Buketts für die Bühnengrößen verkaufte. Bei ihr gab es mancherlei zu erfahren, was nur die Eingeweihten wußten. Intimitäten, die ein Frankfurter Bankier mit einer Ballettratte geliefert hatte. Und noch einiges mehr von der Art.
Auf Lina Schott folgte Nani Schott. Auch sie verkaufte Theaterkarten, und auch bei ihr konnte man Bühnenneuigkeiten erfahren, über Jean Stern und Bobby vom Scheidt, über Maria Einzig, Irene Triersch, und den Intendanten Ewert. Welches Parfüm sich die Damen hinter das Ohr tupften. Und aus welcher Kneipe die großen Sänger spät abends gekommen waren, mitunter nicht mehr so ganz fest auf den Beinen. Was für jene

Freude am Dasein sprach, die einen Künstler nun einmal beschwingen muß.

Nani Schott war wie ein Fels in der Brandung des Zeitgeschmacks. Am liebsten hätte sie immer wieder den „Wilhelm Tell“ und die „Maria Stuart“ auf dem Spielplan gesehen. Viele können ihr das heute nachfühlen. Die Probier-Problem-Progressiv-Stücke verschaffen ihnen eine Gänsehaut. Sicher verstehen die Ärmsten nichts von einer der Gegenwart verpflichteten Kunst. Doch eines wissen sie. Was der progressive Spaß uns alle kostet.

Die goldige Erzählerin

Unvergeßlich als Frankfurterin Lina von Schauroth. Malerin, Tierfreundin und Mensch. Das letztere ganz besonders. Sie war eine geborene Holzmann, kam also aus einer in der ganzen Welt bekannten Frankfurter Unternehmerfamilie. Sie heiratete einen Offizier. Ob sie sich von ihrem Gatten ihren späteren Gang abgesehen hatte? Sie marschierte mit ihrem Stock wie ein Grenadier daher.

Die Schauroth war bis oben hin voll von Geschichten. Die lustigsten wußte sie von ihrer Mutter zu erzählen. Die war eine Ur-Frankfurterin, von einem nicht totzukriegenden Humor. Schon im ersten Weltkrieg fiel eine verirrte Bombe auf ein Haus, das den Holzmanns gehörte. Das wurde Mutter Holzmann mit allen Zeichen des Schreckens mitgeteilt. Doch sie meinte seelenruhig, irgendwohin müßten sie ihre Dinger ja schmeißen. Eines Tages kam Vater Holzmann mit der Neuigkeit nach Hause, daß seine Firma den Auftrag zum Bau der

Bagdad-Bahn bekommen habe. Dieses Riesenprojekt erregte in der ganzen Welt Aufsehen. Frau Holzmann war nicht allzusehr davon beeindruckt. Sie sagte ganz nebenher, dann hätte sie sich auch das Geranienstöckchen kaufen können. Sie kam gerade vom Markt.
Als die Holzmanns einmal in Paris waren, besuchten sie auch ein mondänes Nachtlokal. Das nötige Kleingeld hatten sie ja dazu. Die kleine Nichte war auch dabei. Die teilte ihrer Tante aufgeregt mit, was sie am Nebentisch beobachtet hatte. Ein Herr hätte dort seine Dame in den Busenausschnitt geküßt. Dazu Frau Holzmann: „Wär'n wir in Frankfurt gebliewe, in der Katharinekirch wär uns das net passiert." Womit sie sicher recht hatte.

Heimat der Kabarettisten

Sie ist aus der Geschichte des Frankfurter Kabaretts nicht wegzudenken. Maria von Körffy. Wie der Name sagt, stammte sie nicht aus Ginnheim. Doch mit ihren Wohltaten für die Kleinkunst hat sie sich bei uns eingemeindet. Mit einem Panoptikum fing sie an der Ecke Kaiserstraße und Moselstraße an. Das war noch vor dem ersten Weltkrieg. Dann holte sie die Kleinkunst ins Haus. Ihr Etablissement taufte sie „Arkadia". Und nannte es Nachtkabarett. Eine Firmierung, die darauf hinwies, daß nicht für Pastorentöchter Programm gemacht wurde. Es ging dort auch wirklich mondän zu. Bei entsprechendem Publikum. Inflationsfiguren, die das nötige Verständnis für die gepfefferten Chansons aufbrachten.
Auf das „Arkadia" folgte das „Astoria". Und die Körffy wurde noch mehr zur guten Fee der Kleinkunst.

Sie brachte Spitzennummern nach Frankfurt. Roda-Roda. Hätte er einen Steckbrief gehabt, würde der als Erkennungszeichen „Rote Weste“ aufgeführt haben. Die trug er nämlich Tag und Nacht. Er gehörte einmal zur k. u. k.-Armee. Von der lebte er, indem er sich auf allen Kabarettbühnen über sie lustig machte. Der geistreiche Kumpel Endrikat war auch immer bei der Körffy. Und Ringelnatz, der als Matrose auftrat und wie ein Matrose soff. Leider liebte er den Alkohol mehr als sein Leben. Er wollte offenbar ausprobieren, wieviel Schnaps das Herz vertragen konnte. Bei ihm war es eine ganze Masse und doch nicht genug.
Die Körffy war selbst vom Fach. Sie sang mit Schmelz. „Ich brauch Zigaretten, ich brauch rotes Licht.“ Vor sachverständigem Publikum. Wie Carl von Opel, Edi Bieber, Chef bei Mouson, Dr. Simon, den die Frankfurter Zeitung Millionen kostete, und anderen Ortsgrößen. Doch auch der Lehrjunge im Modegeschäft auf der Zeil stürzte sich einmal in Unkosten, um sich in dem schicken Kabarett wie ein Lebemann vorzukommen.

Dach- und Schirmgeschäft

Er sang wahrhaft in den höchsten Tönen. Er war und ist nämlich Dachdecker. Kurt Gradel. Er wußte auch auf der Bühne zu gefallen. Sängern sagt man mitunter nach, es würde ihnen an Humor fehlen. Der sei Sache des Buffo. Der singende Dachdecker hat über Traurigkeit allerdings nicht zu klagen.
Was dem Dachdecker recht ist, schien einem Schirmmacher billig zu sein. Herbert Werner Waldenburg, der

seinen Laden an der Konstablerwache hatte. Er begann auf einer schlesischen Wanderschmiere und brachte es zum Direktor der Thüringer Landesbühne. Im übrigen war er singender Charmeur. Manchmal überkam es ihn in seinem Laden. Er ergriff einen Stock, den er kokett durch die Luft wirbelte. Und dann ging es los. Aus dem „Graf von Luxemburg". Nicht genug damit. Seine Frau hatte als Lilly Rizzolli auf den Brettern gestanden. Sie trällerte „Paraplue und Pompadour hilft bei jeder Liebestour". Der Text wie gemacht für ein Schirmgeschäft.

Die Unvergesslichen

Sie hatte Frankfurt ins Herz geschlossen. In später Nacht fuhr sie andächtig am Goethehaus vorüber. Claire Waldoff, die Berlinerin aus Gelsenkirchen. Im Schumanntheater hatte sie rauschende Erfolge. Im Parkhotel am Wiesenhüttenplatz wohnte sie. Wozu sie dort ein Bett hatte, war schleierhaft. Nachts kam sie meistens nicht hinein. Abwechselnd ein Bier und ein Steinhäger, das wollte ja getrunken sein. Wenn sonst alles zu war, ging sie in irgendeine Kneipe. Dort war sie für die Gäste, was zu ihnen gehörte. Wenn einer allzu plump wurde, sagte sie allerdings: „Er ist gar nicht stolz, er sagt du zu mir."

Sie sang im Stil des dritten Berliner Hinterhofs. Doch sie trug ein Monokel. Sie starb in Oberbayern. Verarmt. Die Berliner taten wenig für sie. Dabei hatte sie die Stadt berühmt gemacht. Etwa durch „Hermann heeßt er"? Genau das. Aber was verstehen Magistratsbeamten schon davon?

Auf dem Dach der Kunst

Die Stimme lebt noch

Die Frankfurter waren in ihn vernarrt, in Otto Reutter. Auch er glänzte im Schumann. Und sang den Frankfurtern vor: „In fünfzig Jahren ist alles vorbei." Das hätten sie sich hinter die Ohren schreiben sollen. Aber es ging ihnen ja so gut zu Kaisers Zeiten.
Zufällig war ich dabei, als Reutter das Los aller Publikumslieblinge ereilte. In der Inflationszeit in einem Schiebercafé. Er sang und sang, und die Gäste sprachen von Saccharin und Salvarsan. Otto pflegte auch in seinen besten Zeiten mit gekrümmtem Rücken abzugehen, so krumm war der Buckel nie wie an dem Tag. Dann wirbelte Lotte Werkmeister herein. Unverschämt jung und blond. Das Publikum raste.
Ist nichts mehr von Otto Reutter da? Immerhin Schallplatten. Der liebenswürdige Gastgeber legte bei einer Party eine davon auf. Die Gäste stutzten. Eine Stimme aus der Plüschzeit? Was sollte das? Man hatte ja den ganzen Abend heiße Musik gehört. Und nun: „Ich wundere mich über gar nichts mehr." Sagen das die Leute in Frankfurt nicht zehnmal am Tag? Dann ist doch Otto Reutter ganz modern. Und sein Humor kann nicht sterben. Wir finden es hier gar nicht so witzig, daß man einem anderen auf den Deckel haut. Eher, wenn man über sich selbst lacht. Wie der Reutter.

Der Alltagskomiker

Ein drolliger Schaffner machte den Frankfurtern viel Freude. Er fuhr die Strecke nach Hohemark und sorgte stets für Unterhaltung im Wagen. Die Haltestellen kün-

digte er schon lange vorher mit Stentorstimme an. Etwa so: „Wir nähern uns der Wiesenau." Als ob von einem Schiff aus langersehntes Land in Sicht sei. Die Fahrgäste schimpfen mitunter über die hohen Fahrpreise. Bei unserem Spaßmacher hätten sie ohne Murren das Doppelte bezahlt. Ein Fahrgast wollte beim „Lahmen Esel" aussteigen. Wer es noch nicht wissen sollte, das ist eine Wirtschaft mit Garten. Der Fahrgast bat den Schaffner, ihm rechtzeitig Bescheid zu sagen. Als die Station kam, klang es durch den Wagen: „Sie, lahmer Esel!" Der Fahrgast hatte offenbar ein bißchen gedöst. Er fuhr empört auf. Bis er merkte, daß mit dem lahmen Esel nicht er, sondern die Haltestelle gemeint war. Als er ausgestiegen war und der Wagen wieder anfuhr, sagte der Schaffner: „Der hat sicher gedacht, seine Frau hätt' mir was von ihm anvertraut."
Eine originelle Ankündigung machte ein Frankfurter Schaffner in früheren Jahren. Bei den amerikanischen Kasernen rief er aus: Sing-Sing.

Das goldige Mädche

Das goldige Mädche ist eine Frau. Doch man hat immer das Gefühl, es mit dem echteste Frankfurter Mädche zu tun zu haben. Es handelt sich um Liesel Christ, den Star des Volkstheaters. Star? Wie sich das anhört! Bei so einem natürlichen Menschenkind. Und bei dem Ensemble! Bei dem geht es doch so familiär zu, daß für Stars kein Platz ist. Das war schon so, als sich die Akteure zusammenfanden. Wie Leute, die in die Antarktis wollen und nur über einen Sommermantel verfügen. Aber schließlich spielen sie für die Frankfurter. Die müßten ihnen doch

Wo Lachen noch erlaubt ist

helfen. Oder sollen sie woanders um milde Gaben bitten? Wenn man Liesel Christ am Telefon nach den Finanzen fragt, kriegt man zu hören: „Wir kommen mit dem Geld gerade herum." Das würde man auch gern glauben. Nur hört man sie dann ein bißchen durch das Telefon stöhnen.

Das Volkstheater hat allerdings verwegene Ambitionen. Es will zeigen, daß das Dasein nicht restlos zum Kotzen ist. Das kleine Bühnchen sollte sich mal an den Großen ein Beispiel nehmen. Wie die sich Mühe geben, um zu beweisen, daß wir auf einem Dreckhaufen leben. Auf dem sich aber manche Menschen wohlzufühlen scheinen. Und dann fließt auf der Volkstheaterbühne viel zu wenig Blut. Ein paar Leichen kann man ja für sein Eintrittsgeld verlangen.

Das Christ-Theater hat sich außerdem in seiner Verblendung vorgenommen, die Leute zum Lachen zu bringen. Dem geht die große Konkurrenz geschickt aus dem Weg. Lebensfreude gilt ja bühnenoffiziell als eine vermottete und überflüssige Ungezogenheit. Wo würde man damit die Alpträume in der Nacht nach einem Theaterbesuch hernehmen?

Das Wort von der goldigen Frankfurterin hätte für die Christ erfunden werden können. Sie singt auch. Das will an sich nichts heißen. Wessen Name einmal in der Zeitung gestanden hat, sollte sich auch als Musikidiot zum Singen verpflichtet fühlen. Warum nicht auch Fassadenkletterer und Flugzeugentführer? Was Liesel Christ singt, sind Liebeserklärungen an ihre Heimatstadt. Hubert Wolf hat eine so innige Musik dazu geschrieben, als würde er aus der Klappergasse stammen.

Das Publikum der Christ ist selig, wenn ein waschechtes Frankfurter Wort über die Rampe geht. Wie lang haben die Leute das nicht gehört? Irgendeine Oma hat das immer gesagt. Und wenn das laut wird, ist die ganze Welt wieder in Ordnung. Das finden auch manche Neubürger. Zwölf Jahre bereits in Frankfurt. Die springen jedem an den Hals, der behauptet, sie würden nicht frankfurterisch verstehen. Auch wenn sie aus Breslau oder Schneidemühl kommen.

Komparse der grossen Welt

Er servierte im Westfälinger Hof. Charly Wolfschütz. Um die Jahrhundertwende kam er ins Wiener Hotel Metropol. Da mußte ein Pikkolo auf dem Posten sein. Daß er die Hohen Herrschaften auseinanderhielt, Graf Montenuovo, Graf Lichtenstein, Oberhofmeister bei Kaiser Franz Josef, und die anderen. Sie sahen ja alle ein bißchen nach Operettenbühne aus. Und stets wurde vor allerhöchstem Besuch gezittert. Man mußte ja die Eigenheiten der gekrönten Häupter kennen. Wilhelm II. bevorzugte Heidsiek, der König von England war für Pommery Greno. Hätte man denen etwas anderes als ihre Lieblingsmarke vorgesetzt, wären sie wohl auf den Gedanken gekommen, sie sollten vergiftet werden.
Auch Könige anderer Art kamen ins Metropol. Walzerkönig Johann Strauß. Einen sahen die Kellner am liebsten von hinten. Franz Lehár. Da hatte er allerdings noch nicht die „Lustige Witwe" geschrieben. Später erstarb das Hotelpersonal in Ehrfurcht, wenn er sich sehen ließ.
Was hat das alles mit Frankfurt zu tun? Hier ruhte Wolfschütz von seinem Erdenwallen aus. Er fand,

Frankfurt sei der gegebene Hafen für einen Weltumsegler. Heim aller liebenswerten Abenteurer.
In London bediente Wolfschütz in einem Hotelrestaurant. Hätte sich dort ein Herr ohne Frack vom ersten Schneider hereingewagt, wäre er empfangen worden, als sei er im gestreiften Räubertrikot und mit einer Schlägermütze erschienen.
In Paris war Wolfschütz natürlich in einem Schlemmerlokal tätig. Niemand hätte sich gewundert, wenn seine Köche in die Académie française aufgenommen worden wären. Zu den Gästen von Wolfschütz gehörte auch Basil Sacharoff. Er lieferte den Völkern außer den Waffen auch noch den passenden Krieg dazu.

Gedankenpause

Nirgends kann man so schön zu sich kommen wie in einem Antiquitätengeschäft. Vor allem in einem Frankfurter Antiquitätenladen. Wo die dicken, behaglichen Schränke stehen, die nach der Stadt genannt werden. Bei Alfred Andreae auf dem Römerberg muß man sich wie auf einer stillen Insel vorkommen. In den vergangenen Jahren allerdings nicht. Wegen des Baulärms. Und des Kraters, in den sich der Platz verwandelt hatte. Als hätte man bis zum Mittelpunkt der Erde vorstoßen wollen. Andreae mußte befürchten, daß seine Kunden bald nur noch mit Leitern oder angeseilt zu ihm gelangen könnten.
Der Inhaber eines Antiquitätengeschäfts muß schöne Geschichten von früher erzählen können. Das gehört zu seinem Beruf. Am Römerberg kann man die hören. Zum

Da wird der Wein zu Wasser

Beispiel die vom Weinhändler Behrens, der eine stadtbekannte Persönlichkeit war. Behrens litt unter der steten Angst, einmal lebendig begraben zu werden. Das wollte er verhindern. Als 1828 der neue Friedhof eröffnet wurde, sorgte er sich für eine geeignete Grabstätte. Behrens ließ ein Fenster zu ihr einbauen. So daß man von außen beobachten konnte, was in der Grabkammer vorging. Doch er mußte ja für jeden Fall sorgen. Wie, wenn nicht rechtzeitig bemerkt wurde, daß er aus seinem Scheintodschlaf erwacht war? Dem konnte man abhelfen. Tagtäglich sollte Wasser und Brot in die Grabkammer gestellt werden. Man male sich aus, daß Behrens wirklich wieder ins Leben zurückgefunden hätte. Ein Weinhändler, der nur Wasser vorfand. Er mußte annehmen, er wäre in der Hölle gelandet.

Billige Post

Auch im Antiquariat von August Hase lebt die Vergangenheit auf eine wohltuende Weise. Dafür sorgen schon die Kupferstiche, die Frankfurt zeigen, wie es einmal war, und auch die alten Landkarten. Bilder von Frankfurter Malern aus früheren Epochen ebenfalls. Auch ein Böhle hängt da. So kräftig, wie er malte, drückte er sich auch manchmal aus. Was er über eine gewisse Sorte von Progressiven sagte, ist nicht zu übertreffen. Nämlich: „Nix könne ist noch kein neu Richtung."

Auch August Hase hat lustige Geschichten auf Lager. Eine vom Kunsthändler Günther Haas. Dessen Onkel hatte am Opernplatz eine Gemäldehandlung. Günther

Haas arbeitete dort als Lehrling. Dabei lernte er die Frankfurter Maler kennen, die da ein- und ausgingen. Das größte Original unter ihnen war der „Russenbeer". So hieß er, weil er russische Motive bevorzugte. Eines Tages gab Beer dem Lehrbub Haas ein paar Briefe. Für den nächsten Postkasten. Die Briefe waren nicht frankiert, worauf Haas den Russenmaler gebührend aufmerksam machte. Beer lachte wie über einen dummen Witz. Er frankiere nie einen Brief. Dann käme er nämlich sicher an, die Post wollte ja irgendwie zu ihrem Geld kommen.

Mit Kind, Kegel und Lampions

Auch zu viel Geld kann die Freude am Leben verderben. Den Frankfurtern ging es nicht so. Sie hatten nicht einmal in den Bombennächten das Lachen für immer verlernt. Sie verstehen es zu feiern, beim Maafest, beim Brunnefest und bei jeder Kerb. Daß man ins Wäldche geht, ist für sie Anstandspflicht. Da hat der Großvater die Großmutter womöglich kennengelernt. Wie der an der Schießbude in die Herzen traf. Das war der richtige Mann. Und was erst mit Onkel und Tante auf dem Heimweg aus dem Wäldche passierte. Das führte natürlich aufs Standesamt. Dafür ging die Verlobung von Tante Emma in die Brüche. Der Herr Bräutigam hatte sich auf der Achterbahn ein bißchen zu hitzig an ihre beste Freundin geklammert.

Wie friedlich sind die Frankfurter bei Volksfesten. Wenn sie abends mit ihren Lampions heimziehen, fehlen ihnen zu den Engeln nur die Flügel. Und erst beim Feuerwerk.

Das Aaaah, wenn die erste Rakete platzt. Als wohnten in Frankfurt nur Kinder.

Das Frankfurter Herz

Es ist peinlich, davon zu sprechen. Mit dem Begriff Herz wird schrecklicher Unfug getrieben. Die Städte benutzen es ausgiebig zu Werbezwecken. Jede will mehr Herz haben als die andere. Mit den Preisen, die sie den Fremden abnehmen, sind sie allerdings nicht weichherzig. Nun besitzen aber die Frankfurter ohne Zweifel ein Organ der fraglichen Art. Sie machen nur nicht so viel Aufhebens davon.

In meiner Nähe kehrt ein italienischer Arbeiter die Straße. Er singt gern bei seiner Arbeit. Im Sommer kann man das verstehen. Im Winter, so ließ sich vermuten, wird ihm der Singsang vergehen. Wenn ihm der eisige deutsche Wind um die Nase fährt. Es wurde hundekalt, doch unser Südländer jubilierte. Man wunderte sich. Aber nicht nur. Den Sänger trafen dankbare Blicke. Dafür, daß er ein bißchen Freude in den häßlichen Tag brachte.

In einer Berliner Straßenbahn machte während des Krieges ein Frankfurter Mädchen Dienst. Es wurde ja alles durcheinandergewirbelt. Der Wagen war überfüllt. Ein nervöser Herr schrie nach der Schaffnerin. Er wollte aussteigen und hatte noch keinen Fahrschein. Überdies schimpfte er. Bei dem Gedränge im Wagen würden wohl viele nicht bezahlen. Offenbar hielt er das für kriegsentscheidend. Die Schaffnerin erklärte hierauf im schönsten Frankfurterisch, das sei ihr gänzlich „worscht“.

Bei einem Blick auf die Straße konnte man feststellen, daß kaum noch ein Haus heil war. Sollten doch die Leute, die kein Dach mehr über dem Kopf hatten, umsonst fahren.

Dauerhafte Freundschaften

Unter ehemaligen Mitschülern ist es in Frankfurt Sitte, daß sie sich von Zeit zu Zeit treffen. Über Jahre hinaus und aus vielen Frankfurter Schulen. Es ist nicht leicht, die Gesellschaft zusammenzukriegen. Die unruhigen Jahre haben sie teilweise in alle Winde zerstreut, sofern sie nicht noch schlimmer mit ihnen verfahren sind. Im allgemeinen wird in einer Zeitung veröffentlicht, wo das nächste Treffen stattfindet. Für die außerhalb Wohnenden wird es mitunter beschwerlich, zu erscheinen. Viele sind ja nicht mehr die Jüngsten. Aber es ist, als würden alte Soldaten zum Appell gerufen. Keiner und keine möchten sich nachsagen lassen, sie würden es nicht mehr schaffen. Selbst die Veteraninnen, die ältesten Jahrgänge machen sich auf. Mitunter sind nur noch ein paar davon vorhanden. Das sind dann die Pflichtbewußtesten.
Getroffen wird sich in gemütlichen Lokalen. Wo man unter sich ist. Da kann man sich wenigstens die Köpfe warm reden. Was bei den Frauen besonders geschätzt wird. Und lachen will man. Besonders wenn die alten Lehrer „nachgemacht“ werden. Und man sich an ihre Eigenheiten erinnert. Mitunter erscheinen die sogar höchst persönlich. Das ist natürlich ein Fest, besonders, wenn der alte Gesangslehrer da ist. Der muß sich ans Klavier setzen. Dann wird ein gemeinsames Lied ge-

Im grauen Winter „Oh sole mio“

sungen. Keine Schlager. Sondern wie früher in der Gesangstunde: „Wer hat dich, du schöner Wald, aufgebaut so hoch da droben."

Mitunter werden auch Ausflüge gemacht. In den Taunus oder den Spessart. Ehrensache: Da wird eingekehrt. Dafür fehlt es mancher, die dabei ist, an Geld. Der steckt man etwas zu. Sie braucht sich deshalb nicht zu genieren, so echt freundschaftlich wird das gemacht.

Bei den Männern geht es meist bewegter zu, wenn sie ihre Schulerlebnisse aufwärmen. Viele wollen dann auch zeigen, was sie für große Tiere geworden sind. Runden werden angefahren und markige Trinksprüche gewechselt. Bei den älteren Herren geht es auch noch um andere Dinge. Um die Frage, wie gut sie noch beieinander sind. In gewisser Beziehung vor allem. Wenn dann einer den Mund besonders voll nimmt, lächeln die anderen in sich hinein.

Nix wie heim

Der Frage nach dem Frankfurter Herz konnte man in Schotten nachgehen. Unter den Evakuierten. Bei einer Radioübertragung von dort. Es fielen bittere Worte. Wieso konnten sie nicht zurück, sie waren doch in Frankfurt geboren? Bei dem Rundfunkgespräch tauchten natürlich auch Erinnerungen auf. An das gemütliche Wohnzimmer, an den Hof und das Gärtchen. Da gab es kein Halten mehr. Die echtesten Tränen der Welt flossen. Es kam auch eine Geschichte heraus, die so betrüblich war, daß man fast darüber lachen mußte. Unter den Frankfurter Verbannten gab es einen Mann, der sich einmal als Herrenreiter einen Namen gemacht hatte. Das war wohl der solideste Ausweis für eine noble Daseinsform. Zur Zeit der Übertragung hauste er am Hoherodskopf in einer armseligen Hütte. Er sammelte Pilze und verkaufte sie. Davon lebte er. Das komische Schicksal dieses Menschen war wohl nicht eingeplant, als es damals wegen Danzig losging.

Mit dem Kopf durch die Wand

Es geschah in der Großen Friedberger Straße. Ein Polizist hatte einen alten Mann am Wickel. Die zwei bildeten ein komisches Paar. Der Häscher war ein Hüne, der andere auffallend schmächtig. Daher waren die Leute sogleich auf der Seite des alten Mannes. Er sah auch gar nicht aus, als hätte er etwas auf dem Kerbholz. In Wahrheit wollte er auch nur über die Straße, allerdings mitten durch die fahrenden Autos. Der Hüter der Ordnung brachte ihn nur an den Zebrastreifen. Mit dieser behördlichen Sorge war unser Freund aber gar nicht einverstanden. Er zappelte, um sich von dem Polizeigriff loszumachen. Dazu schrie er: „Du hast mir nix zu sage, ich geh üwer die Straß, wo ich will."
Der widerspenstige Bursche war ein echter Frankfurter. Der tut, was er will, und läßt sich seinen Weg nicht vorschreiben. Schon gar nicht von der Obrigkeit. Mag sie es noch so gut meinen. Mit einem Wort: Die Frankfurter möchten am liebsten mit dem Kopf durch die Wand. Das ist vielleicht das goldigste an ihnen.

Mit dem Kopf durch die Wand